Rheinische Küche

www.komet-verlag.de
Gesamtherstellung: Komet Verlag GmbH
ISBN 978-3-86941-040-1

Rheinische Küche

KOMET

Inhaltsverzeichnis

Et bliev nix wie et wor

Wer das Pech hat, nicht im Rheinland geboren oder wenigstens aufgewachsen zu sein, der wird bei seiner ersten Begegnung mit rheinischer Lebensart und vor allem rheinischer Küche möglicherweise das eine oder andere Problem bekommen. Nichts ist hier nämlich so wie es zunächst scheint. So wie sich im Karneval hinter Masken Menschen verbergen (oder umgekehrt?), so spiegeln kulinarische Begriffe im Rheinland Dinge vor, die überhaupt nichts mit ihrem Namen zu tun haben. Sie werden das spätestens dann merken, wenn Sie in Köln einen „halven Hahn" bestellen und statt des erhofften Hähnchens ein Käsebrötchen bekommen. (Das ist im Übrigen fast das Einzige, was meine Ausgabe der Bibel der Feinschmecker, der „Larousse Gastronomique", zur Küche des Rheinlands anzumerken hat – und das auch noch falsch geschrieben: „Halbe Hahn" steht da statt „halve". Na ja, auch als Lexikon kann man nicht alles wissen. Obwohl man das in diesem Fall von einem französischen Lexikon wohl verlangen dürfte, sind doch die Verbindungen zwischen Frankreich und dem Rheinland immer von besonderer Natur gewesen. Aber davon später.

In Wahrheit ist es natürlich nicht sonderlich schwer, sich in rheinischen Widersprüchen und Narreteien zurechtzufinden. Vorausgesetzt, man hat den rechten Zugang und den richtigen Führer.

Ob „Alaaf" oder „Helau", Lebenslust und Leidenschaft werden dem Rheinländer nachgesagt. Und das nicht nur in der sogenannten fünften Jahreszeit, dem Karneval.

Mein eigener erster Kontakt mit rheinischen Genüssen fand – das Leben verläuft nun mal nicht sehr geradlinig – in Stuttgart statt. Da nämlich gab es eine kleine Kneipe in der Reinsburgstraße, „Bei Jupp", und Jupp war aus Düsseldorf und glühender Fan von Fortuna und schenkte ein exotisches Getränk in exotisch winzigen Gläsern aus: Altbier. Dazu gab es alles, was man außer Alt noch so braucht: Soleier, Mettbrötchen, Frikadellen und Luftgetrocknete, eine sehr erfreuliche Wurst. Und sonntags kochte Jupps Frau für die Stammgäste einen klassischen Rheinischen Sauerbraten. Was immer man verzehrte, ob Bier, ob Frikadelle, immer gab es einen Strich auf dem Deckel und jeder Strich bedeutete sagenhafte 50 Pfennig.

Diese Zeiten sind natürlich längst vorbei, doch halten wir es mit den Rheinländern, deren treffendes Credo zum Lauf der Welt lautet: „Wat wellste mache, et es wie et es und wat fott es, es fott", zu hochdeutsch: „Was soll sein, es ist, wie es ist, was weg ist, ist weg." „Bei Jupp" ist längst dahin, aber das Altbier lebt ebenso wie die dazugehörige Küche. Im „Ürigen" in Düsseldorf und im „Füchschen" rauscht es munter wie eh aus den Holzfässern. Und das genauso obergärige, aber helle Kölsch steht ihm in seinen Kölner Ruhmeshallen „Früh am Dom", „Päffgen", „Sion" in der Altstadt oder „Malzmühle" am Heumarkt in nichts nach. In der Malzmühle erinnert gar eine Plakette daran, dass hier auch Bill Clinton schon sein Gläschen Kölsch getrunken hat. Und wahrscheinlich hat der Köbes (für Hochdeutsche: Ober) auch ihm die Standardfrage gestellt: „Unn?" Ob Clinton, wie es sich gehört, mit „Aas klaar" geantwortet hat, ist nicht überliefert. Vielleicht hat der Köbes aber auch ganz klassisch gefragt: „Wie iset?" Worauf die korrekte Antwort gelautet hätte: „Muss."

In diesen Brauhäusern gedeiht aufs Schönste, was in gewisser Weise den Kern rheinischer Küche ausmacht – ehrliche deftige Sachen mit für den Außenstehenden komischen Namen: Strammer Max, hier handelt es sich um Graubrot mit Schinken und Spiegelei; oder der schon erwähnte halve Hahn, das Brötchen mit Senf und einem dicken Stück Holländer Käse; oder Kölsche Kaviar, der nun gar nichts mit Fisch und Meer und Rogen zu tun hat, vielmehr handelt es sich um Blutwurst mit Zwiebeln (dass die Blut-

wurst hier auch noch Blotwoosch heißt oder gar Flöns, kann uns da schon kaum noch verwirren). Oder Rievkoche, die als Reibekuchen oder Kartoffelpuffer auch in anderen deutschen Regionen zu Guinness-Buch verdächtigen Fressrekorden geführt haben. Oder natürlich und vor allem Himmel un Ääd, jene Mischung aus Kartoffeln und Äpfeln, die mit oder ohne gebratene Blutwurst in mancher Hinsicht der Inbegriff rheinischer Kochkunst ist. Deren Grundzug besteht nämlich offenbar darin, viel zu vermischen, auch ganz Unverhofftes. Dass da die Salzkartoffel sich dem süßsauren Apfel hingeben muss, ist gar nichts Ungewöhnliches. Die rheinische Vermischungstheorie wird auch von Experten bestätigt, wie Schauspieler Jan Gregor Kremp, der gleich doppelt qualifiziert ist: Als geborener Leverkusener und durch seine makellose Darstellung des Kochs im Küchenkrimi „Die Quittung". Er bestätigt vor allem die weit verbreitete Neigung, auch herzhafte Gerichte mit Apfelmus zu verfeinern: „Bei uns zu Hause war das immer so. Mein Vater hat noch nie was gegessen ohne Apfelkompott. Immer schön gemischt: Weil et ja später sowieso zosamme kütt." Kremp, der nicht nur genießen, sondern auch selbst kochen kann, findet es kaum verwunderlich, dass im Rheinland die Küche so mischfreudig ist wie ihre Bewohner. Und tatsächlich gibt es wenige Gegenden, die über die letzten Jahrtausende so vielfältigen Völkern und Einflüssen ausgesetzt waren. Ob Kelten, Germanen, Ubier, Römer, Burgunder, Franzosen oder Preußen – alle waren sie mal da, und alle haben ihre Spuren hinterlassen, auch in der Küche. Niemand mehr als die Römer und später die Franzosen. Die Römer waren es, die ihren Wein an den Rhein brachten und damit wahrhaft Großes bewirkten. Es gab Zeiten, da galten Rheinweine als schlechthin das Höchste, das einem Weintrinker widerfahren konnte.

„Rheinwein ist Reimwein", behauptet 1894 das Wiener „Appetit-Lexikon", „Dichterwein, dessen begeisterndes Nass sich im Hirn des Trinkers fast von selbst in fließende Verse umsetzt. 'Ich habe Weine von allerhand Arten in meinem Keller', erklärte Kaiser Ferdinand I., 'jedoch aber ist der rheinische Wein zum täglichen Gebrauch unter allen der fürtrefflichste. Er kann Hitze und Frost ausstehen; er kann Wasser und Alles, was nur hineingethan wird, verdauen, ja er kann alle Aufstöße, so ihm widerfahren, vertragen und bleibet doch allezeit guter Wein, lässt sich wohl trinken und schmecket alle Tage.'"

Einen Kronzeugen für die segensreiche gesundheitliche Wirkung des Rheinweins bietet das treffliche Lexikon mit dem englischen Mediziner Druitt auf, den es mit den Worten zitiert: „Begabt mit nur leichtem Alkoholgehalt aber dennoch dauernd haltbar in Folge ihrer Reinheit und von so hervorragendem Arom wie keine andern sind die rheinischen Weine der rechte Trunk zur Erregung intellektueller Heiterkeit. Sie vermehren den Appetit, erheitern, ohne Abspannung und schweren Kopf zu hinterlasssen, reinigen das Blut, kräftigen die Nerven, machen die Zunge frei und stillen den Durst. Ich halte daher nicht mit dem Bekenntnis zurück, dass ich es für einen Fortschritt der Heilkunde ansehen würde, wenn sie diese Weine häufiger verordnete als bisher."

Kein Wunder also, dass es kaum einen Königs- oder Kaiserhof gab, an dem zu festlichen Anlässen nicht Rheinweine ausgeschenkt wurden. Und auch der Sekt konnte durchaus mithalten, bis 1919 hieß er sogar Champagner, und erst der Versailler Vertrag zwang die Kellereien, ihr Getränk Sekt zu nennen.

Was uns ganz zwanglos zu den Franzosen führt und dem beachtlichen Einfluss, den sie bis heute aufs Rheinland hatten und haben. Nicht nur einmal haben sie das Rheinland besetzt, und nicht immer waren sie unwillkommen. Besonders die Revolutionsarmeen und später Napoleon hinterließen einen nachhaltigen Eindruck. Was dabei schwerer wog, das moderne Gesetzbuch des Code Napoleon, das dem Rheinischen wohl eher verwandte lockere Auftreten der Franzosen oder aber ihre kulinarischen Errungenschaften, das müssen wir heute wohl dahingestellt sein lassen. Sicher ist nur, dass sich die Spuren jener fernen, aber scheinbar willkommenen Besatzung noch heute reichlich finden, und nicht nur in der Tatsache, dass einer der populärsten Vertreter des Kölner Fußballs „Schäng", bzw. Jean heißt. Oder dass der Bürgersteig immer noch gerne Trottoir genannt wird. Kölnisch Wasser musste erst einmal Eau de Cologne heißen, bevor es seinen weltweiten Siegeszug antreten konnte.

Mag auch der direkte französische Einfluss auf die Küche des Rheinlands kaum noch zweifelsfrei nachzuweisen sein (auf den Sonderfall Muckefuck komme ich später noch zu sprechen), so steht doch fest, dass die lange Verbundenheit mit Frankreich und Belgien die ideale

Grundlage gelegt hat für den rasanten Aufschwung der sogenannten Großen Küche im Rheinland. Denn es ist ja kein Zufall, dass von den fünf deutschen Restaurants mit drei Sternen im Michelin-Führer zwei im Rheinland liegen. Und das dritte, das Waldhotel Sonora in Wittlich/Dreis, liegt zwar im rheinland-pfälzischen Teil der Eifel, zählt aber irgendwie doch noch fast

HOTEL
Weinhaus
Hotel-Restaurant
das kleine
EIS EIS
Gilden-Kölsch

zum Rheinland. Und dann ist da der unvergleichliche Jean-Claude Bourgueil mit seinem Restaurant „Im Schiffchen" in Düsseldorf-Kaiserswerth.

Hier bietet er seit mehr als einem Jahrzehnt die Hohe Schule der ganz großen französischen Küche. Ein solcher Spitzenkoch in einer Stadt bleibt natürlich nicht ohne Folgen: Da gibt es in Düsseldorf-Lörick Peter Nöthens „Hummerstübchen", in dem die Schwäche der Rheinländer für Meeresfrüchte, und nicht nur die, aufs Erlesenste befriedigt wird.

Ähnliches hat sich in Bergisch Gladbach getan. Seit über zehn Jahren kocht hier der große Dieter Müller im gleichnamigen Restaurant im Schlosshotel Lerbach seine fantasievolle, unglaublich konzentrierte Küche. Was die Welt und das Rheinland ihm bietet, hier wird es in puren Genuss verwandelt. Und auch im Bergischen Land hat das Vorbild Schule gemacht: Das Zwillingshotel Schloss Bensberg hat mit seinem Restaurant „Vendôme" auch schon zwei Michelin-Sterne erkocht.

Dass der Alt- und Großmeister der deutschen Restaurant-Kritik, Gert von Paczensky, seinen Wohnsitz in Köln genommen hat, ist sicher auch kein Zufall. Von seinen Lieblingslokalen, in den kulinarischen Memoiren „Journalist mit Appetit" eindringlich und mundwässernd beschrieben, liegen etliche im Rheinland. „Die Traube" in Grevenbroich zum Beispiel gehört dazu, die Paczensky als „ein Muster an ganz großer und großartiger Gastronomie" lobt. „Sie ist den berühmtesten französischen Lokalen durchaus ebenbürtig". Und selbstverständlich darf hier

auch „Le Moissonnier" in Köln nicht fehlen, dem unser Kritiker bescheinigt, dort werde „in einem angenehm unprätentiösen Bistrorahmen so erstklassig gekocht wie in den wenigen feinen, mit einer kühnen Phantasie bei den Rezepten, die selten ist." Und dann mag Paczensky noch die „Adler-Wirtschaft", die zwar in Hattenheim, und somit nicht mehr im Rheinland liegt, aber doch immerhin am Rhein, „wo Franz Keller jr. es verstanden hat, in seinem Bistro den Bogen von seiner großen Könnerschaft zur bürgerlichen Küche zu schlagen, wie sie in Deutschland höchst selten, aber willkommen ist".

Diesen eleganten Bogen wollen wir auf der Stelle mitvollziehen, und uns wieder der bürgerlichen Rheinland-Küche zuwenden. Was uns zurückbringt zum Sauerbraten, der ja doch so etwas ist wie Sinnbild, Aushängeschild und Inbegriff der rheinischen Küche. Jenseits der rheinischen Grenzen können Sie fragen, wen Sie wollen, was ihm zum Thema Rheinische Küche einfällt, Sie werden fast immer die Antwort erhalten: Sauerbraten. Und da ist ja auch was dran. Er ist solide und zugleich raffiniert, er ist bodenständig, aber durch seine süß-saure Ausprägung durchaus eigenständig, eben wie die

ganze Küche zwischen Xanten und Koblenz. Dabei ist auch der Sauerbraten, wie so vieles nicht nur in der rheinischen Küche, aus der Not entstanden. Aus der Konservierungsnot. Während in salzreicheren Gegenden Deutschlands Pökeln und Räuchern die bevorzugten Methoden wurden, legte man im Rheinland das Fleisch lieber in eine Essigmarinade und verschloss das Gefäß mit Fett, am besten Rindertalg. Wenn das Fleisch dann verwendet wurde, war es natürlich zu sauer, was durch die Beigabe von Zucker und Rosinen gemildert wurde. Alles Dinge, die heute nicht mehr nötig sind. Heute sind in der Marinade das Süße und das Saure schon gut vermischt. „Et bliev nix wie et wor", kommentiert trocken mein rheinischer Gewährsmann Jan Gregor Kremp (dem ich im Übrigen auch alle anderen kölschen Kraftsprüche verdanke). Für die Behauptung, der einzig richtige Sauerbraten müsse vom Pferd sein, lassen sich keine wirklich überzeugenden Belege finden; schon das Universal-Lexikon der Kochkunst weiß am Ende des 19. Jahrhunderts nur von Rindfleisch zu berichten. Wie dem auch sei, der Sauerbraten bietet nur einen kleinen Ausschnitt aus der Fülle rheinischer Spezialitäten und Sonderlichkeiten. Die reichen

HOTEL

nämlich von hochfeinen Gerichten wie den mit Recht so beliebten Muscheln, dem Aal in Petersiliensauce und dem Hecht in saurer Sahne über gediegene Genüsse wie den Düsseldorfer Senfrostbraten und die Martinsgans bis zu den deutlich deftigeren Köstlichkeiten. Um nur ein paar zu nennen: Schwarzbrotsuppe, Stampfkartoffeln mit suure Kappes (Sauerkraut), Schweinshaxe in Altbiersauce oder Hämmche mit suure Kappes, was sehr exotisch klingt, aber schlicht Eisbein mit Sauerkraut bedeutet. Auf das Rezept für die noch exotischeren Schnüsskes un Öhrkes mit suure Kappes haben wir hier bewusst verzichtet, weil die Zutaten, Schweineschnauzen und Ohren, wohl nur noch für die wenigsten, und dann nur unter Schwierigkeiten zu bekommen sind.

Man sieht, auch die Rheinische Küche ist noch in ihren üppigen Sonntagsgerichten eine schlichte Küche. Im Alltag ist sie, wie alle anderen Regionalküchen auch, sogar eine arme Küche. Da sind zunächst einmal viele Suppen von schlichtestem Zuschnitt und mit durchaus gewöhnlichen Zutaten: Zwiebelsuppe, Bohnensuppe, Graupensuppe, Linsensuppe und nicht zu vergessen Ähzesupp mit Flöns, Erbsensuppe mit Blutwurst. Bei den Gemüsen ist es viel Kohl, reichlich Kartoffeln, Bohnen und als kleine Überraschung Brennnesselspinat (sehr zu empfehlen!). Und auch beim Fisch liegt der arme Hering weit vor den sogenannten Edelfischen, gebraten, mariniert oder als Matjes. Man merkt, dass die holländische Küste nicht weit ist.

Wenn Sie mal die ganze Pracht und Üppigkeit erleben wollen, wie sie uns auf den Stillleben der Goldenen Ära niederländischer Malerei den Mund wässrig machen, dann sollten Sie sich eine Bergische Kaffeetafel „met allem dröm un dran" gönnen. Und wenn der rheinische Genießer sagt „mit allem drum und dran", dann meint er das auch. Da gibt es kein Halten mehr: Milchreis, Apfelkompott, Ballebäuskes, Pufferts-kuchen, Waffeln, Quark und Apfelkraut (Für Ortsfremde: Hier handelt es sich um schwarzbraun eingekochte Äpfel von sirupartiger Konsistenz und größter Beliebtheit nicht nur bei Kindern). Und im Zentrum der Kaffeetafel steht traditionsgemäß die legendäre Dröppelminna, die bauchige Kaffeekanne auf drei Beinen mit einem kleinen Zapfhahn, aus dem es immer dröppelt. Sie war oft genug aus blank poliertem Zinn oder aus Porzellan und ist heute natürlich meist durch die Kaffeemaschine ersetzt worden. Hier, im einst ärmlichen Bergischen Land, wo Kaffee eine so große Rolle spielte, konnte man sich in kargen Zeiten oft genug keinen echten Bohnenkaffee leisten. An seine Stelle traten dann Feigenkaffee, Malzkaffee und all die anderen Ersatzstoffe für Kaffee, die man unter dem schönen Namen Muckefuck kennt. Das wiederum ist nun keineswegs ein englischer Fluch

angesichts des dünnen Getränks. Vielmehr stammt auch dieses erzdeutsche Wort aus dem Französischen: „mokka fault", falscher Mokka, ist da fröhlich zum Muckefuck geworden.

Doch nun genug der Etymologien, wir wenden uns leiblichen Genüssen zu und präsentieren Ihnen im nachfolgenden Rezeptteil ausgewählte Standardgerichte, die von rheinischer Nonchalance und Lebensart künden, die natürlich auch vor dem Kochpott nicht Halt macht. Freuen Sie sich auf originären Genuss und scheuen Sie sich nicht, auch schwierige Rezepte einmal nachzukochen. Und vertrauen Sie auch oder gerade in der Küche auf das universelle rheinische Credo:

„Et is wie et is, et kütt wie et kütt und et hätt noch immer jot jejange.

Guten Appetit!

Suppen

Zwiebelsuppe

Zutaten für 4 Personen

500 g Zwiebeln
1 kg Kartoffeln
40 g Butter
2 l Brühe
4 Mettwürstchen
Salz, Pfeffer
1–2 El Essig
etwas Zucker
75 g durchwachsener Speck
1/2 Bund Petersilie

Zubereitungszeit

35 Minuten

Pro Portion

ca. 475 kcal/1995 kJ
16 g E · 25 g F · 46 g KH

1 Die Zwiebeln schälen und in feine Ringe schneiden. Die Kartoffeln schälen, waschen und klein würfeln. Die Zwiebeln in der Butter glasig dünsten, die Kartoffeln hinzufügen und die Brühe angießen.

2 Alles zum Kochen bringen, die Würste hineinlegen und alles in etwa 15 Minuten weich kochen lassen. Die Suppe mit Salz, Pfeffer, dem Essig und etwas Zucker pikant abschmecken und warm halten. Die Petersilie waschen, trockenschütteln und fein hacken.

3 Die Würstchen herausnehmen, in Scheiben schneiden und wieder in die Suppe geben. Den Speck klein würfeln und in einer Pfanne kross ausbraten. Herausnehmen, abtropfen lassen und mit der Petersilie auf die Suppe streuen. Dazu schmeckt kräftiges Bauernbrot.

Rheinische Bohnensuppe

Zutaten für 4 Personen

750 g Lammfleisch
Salz
3 Nelken
1/2 Tl grob geschroteter Pfeffer
750 g Kartoffeln
1, 2 kg grüne Bohnen
2 Äpfel
2 Birnen
Salz, Pfeffer
Bohnenkraut

Zubereitungszeit

25 Minuten
(plus Kochzeit)

Pro Portion

ca. 565 kcal/2373 kJ
66 g E · 9 g F · 54 g KH

1 Das Fleisch in Salzwasser mit Nelken und Pfeffer etwa 1 1/2 Stunden gar kochen. In der Zwischenzeit die Kartoffeln schälen, waschen und in 1 cm große Würfel schneiden. Die Bohnen putzen, waschen und in 3 cm lange Stücke schneiden.

2 Das gegarte Fleisch aus der Brühe nehmen, beiseite stellen. Brühe passieren, wieder in den Topf geben und die Kartoffeln darin 20 Minuten kochen. Äpfel und Birnen schälen, halbieren und entkernen, anschließend in 1 cm große Stücke schneiden. Mit den Bohnen zu den Kartoffeln geben und weitere 20 Minuten kochen.

3 Das Fleisch würfeln, zurück in den Topf geben und noch einmal durchkochen lassen. Suppe mit Salz und Pfeffer abschmecken und servieren.

Düsseldorfer Senfsuppe

Zutaten für 4 Personen

600 ml süße Sahne
500 ml Milch
75 ml trockener Weißwein
4 El feiner Senf
2 El grobkörniger süßer Senf
50 g Zucker
125 ml Apfelsaft
Salz, Pfeffer
1 säuerlicher Apfel
Petersilie

Zubereitungszeit

25 Minuten

Pro Portion

ca. 618 kcal/2594 kJ
9 g E · 50 g F · 32 g KH

1 500 ml Sahne mit der Milch und dem Wein in einen Topf geben. Restliche Sahne kalt stellen. Den Senf, die Hälfte des grobkörnigen Senfs und den Zucker mit dem Apfelsaft gut verrühren und unter die Sahne-Milch-Weinmischung rühren. Alles unter Rühren zum Kochen bringen und 2 Minuten köcheln lassen. Die Suppe mit Salz und Pfeffer pikant abschmecken.

2 Den Apfel schälen, halbieren und entkernen, anschließend in sehr kleine Würfel schneiden. Die Apfelstückchen in 4 vorgewärmte Suppentassen verteilen und mit der heißen Suppe auffüllen.

3 Die restliche Sahne sehr steif schlagen und etwas grobkörnigen Senf darunter rühren. Die Petersilie waschen, trockenschütteln und fein hacken. Die Suppe mit der steif geschlagenen Senfsahne und etwas Petersilie garnieren.

Die Düsseldorfer Senfsuppe ist eine typische Spezialität der Stadt, denn die Senfherstellung hat hier eine lange Tradition. Nicht ganz zu Unrecht wird Düsseldorf daher auch als die deutsche Senfhauptstadt bezeichnet.

Altbiersuppe

Zutaten für 4 Personen

40 g Butter
40 g Mehl
1, 2 l Altbier
Salz, Pfeffer
gemahlener Zimt
gemahlener Kümmel
1 rotschaliger Apfel
4 Scheiben geräucherter Speck
Zucker

Zubereitungszeit

15 Minuten
(plus Kochzeit)

Pro Portion

ca. 403 kcal/1691 kJ
4 g E · 12 g F · 56 g KH

1 Die Butter in einem Topf zerlassen, das Mehl hineinstreuen und goldgelb anschwitzen lassen. Das Bier hinzugießen und alles mit Salz, Pfeffer, etwas Zimt und Kümmel zum Kochen bringen.

2 Den Apfel schälen, halbieren und entkernen. Eine Apfelhälfte klein würfeln und in der Suppe weich kochen, anschließend die Suppe pürieren und noch etwa 5 Minuten köcheln lassen.

3 In der Zwischenzeit den Speck klein würfeln und bei geringer Hitze in einer Pfanne ohne Fett anbraten. Die andere Apfelhälfte würfeln und in die Pfanne geben. Die Apfelwürfel 1 Minute mitdünsten. Die Suppe mit Zucker abschmecken, anrichten und mit den Speck- und Apfelwürfeln garnieren.

Schwarzbrotsuppe mit Würstchen

1 Das Schwarzbrot in kleine Würfel schneiden. Das Schweine- oder Butterschmalz in einem Topf erhitzen. Die Schwarzbrotkrümel in dem heißen Schmalz unter Rühren goldbraun rösten, herausnehmen und beiseite stellen.

2 Die Rinderbrühe langsam in dem Topf erhitzen. Die Bratwürstchen waschen, hineingeben und etwa 15 Minuten darin ziehen lassen, die Rinderbrühe soll aber nicht kochen. Die Petersilie waschen, trockenschütteln und fein hacken.

3 Das geröstete Schwarzbrot auf Suppenteller verteilen, die Rinderbrühe und die Bratwürstchen hinzugeben. Alles mit der gehackten Petersilie bestreuen und servieren.

Zutaten für 4 Personen

250 g Schwarzbrot
40 g Schweine- oder Butterschmalz
1 1/2 l kräftige Rinderbrühe
8 Rheinische Bratwürstchen
1 Bund glatte Petersilie

Zubereitungszeit

15 Minuten (plus Kochzeit)

Pro Portion

ca. 628 kcal/2636 kJ
23 g E · 50 g F · 24 g KH

Stangenbohnensuppe

Zutaten für 4 Personen

1,5 kg Stangenbohnen
3 Stiele Bohnenkraut
2 Stiele Liebstöckel
2,5 l klare Rindfleischsuppe
400 g Kartoffeln
2 gehäufte El Mehl
200 g saure Sahne
Salz, Pfeffer
4–6 Bockwürstchen
2 El gehackte Petersilie

Zubereitungszeit

15 Minuten
(plus Kochzeit)

Pro Portion

ca. 608 kcal/2552 kJ
32 g E · 39 g F · 31 g KH

1 Die Stangenbohnen putzen, sorgfältig entfädeln, waschen und abtropfen lassen. Anschließend in etwa 3–4 cm lange Stücke schneiden.

2 Das Bohnenkraut und den Liebstöckel waschen und trockenschütteln. Die Rindfleischsuppe zum Kochen bringen und die Stangenbohnenstücke und das Bohnenkraut hinzufügen. Alles aufkochen lassen und zugedeckt weiter köcheln lassen.

3 Inzwischen die Kartoffeln schälen, waschen und klein würfeln. Die gewürfelten Kartoffeln und den Liebstöckel in die köchelnde Suppe geben. Alles weitere 30 Minuten kochen lassen.

4 Das Mehl mit der sauren Sahne glatt verrühren und unter Rühren in die kochende Suppe hineinrühren. Die Suppe mit Salz und Pfeffer pikant abschmecken.

5 Die Würstchen in dicke Scheiben schneiden und zur Suppe geben. Wurstscheiben heiß werden lassen. Die Petersilie waschen, trockenschütteln und grob hacken. Die Suppe mit der gehackten Petersilie bestreuen und servieren.

Tipp: Kaufen Sie nur Bohnen, die eine leuchtend grüne Farbe, eine straffe und knackige Hülse haben und ohne weiche Stellen sind. Bei großen Samen ist die Hülse hart und zäh.

Rheinische Eiersuppe

Zutaten für 4 Personen

500 ml Wasser
1 Prise Salz
100 g Zucker
1 Zimtstange
40 g Butter
40 g Mehl
700 ml Weißwein
5–6 Eier
Zimtzucker zum Bestreuen

Zubereitungszeit

15 Minuten
(plus Kochzeit)

Pro Portion

ca. 455 kcal/1911 kJ
11 g E · 17 g F · 37 g KH

1 Das Wasser mit dem Salz, dem Zucker und der Zimtstange aufkochen. 5 Minuten ziehen lassen, anschließend die Zimtstange entfernen.

2 Die Butter in einem Topf zerlassen und das Mehl darin unter Rühren goldgelb schwitzen. Das heiße Zuckerwasser nach und nach dazugeben und alles kochen lassen, bis die Suppe bindet. Den Wein unterrühren, erhitzen, aber die Suppe nicht mehr kochen lassen.

3 Die ganzen Eier sorgfältig miteinander verquirlen und unter vorsichtigem Rühren langsam in die heiße Suppe geben.Die Suppe wird entweder heiß oder kalt gegessen. Vor dem Servieren wird sie mit etwas Zimtzucker bestreut.

Rheinische Graupensuppe

1 Die Pflaumen in etwas Wasser etwa 20 Minuten einweichen. Inzwischen den Speck in Würfel schneiden und in Wasser mit etwas Salz etwa 30 Minuten vorkochen. Die Graupen hinzugeben und weitere 20–30 Minuten mitkochen lassen.

2 Inzwischen die Bohnen putzen, waschen, entfädeln und in kleine Stücke brechen. Den Porree putzen, gründlich waschen und in feine Ringe schneiden. Bohnen und Porree mit etwas Bohnenkraut zur Suppe geben, alles weitere 10 Minuten garen lassen, mit Salz würzen.

3 Die eingeweichten Pflaumen mit dem Einweichwasser zur Suppe hinzugeben und alles noch weitere 20 Minuten köcheln lassen. Die Suppe abschmecken und servieren.

Zutaten für 4 Personen

125 g Backpflaumen
250 g durchwachsener Speck
2 l Wasser
Salz
250 g mittelgroße Graupen
500 g frische Bohnen
1 Stange Porree
Bohnenkraut

Zubereitungszeit

15 Minuten
(plus Kochzeit)

Pro Portion

ca. 535 kcal/2247 kJ
21 g E · 19 g F · 68 g KH

Linsensuppe süß-sauer

Zutaten für 4 Personen

300 g braune Linsen
1 Möhre
2 Zwiebeln
6 Kartoffeln
1 Stange Porree
150 g durchwachsener Speck mit Schwarte
2 El gehackte Petersilie
1 1/2 l Gemüsebrühe
3 El Weißweinessig
1 Tl Zucker
Salz, Pfeffer
1–2 Tl getrocknetes Bohnenkraut
6 Frankfurter Würstchen
3 El Schmand
1 El Senf
1 El gehackter Schnittlauch

Zubereitungszeit

25 Minuten
(plus Kochzeit)

Pro Portion

ca. 608 kcal/2552 kJ
36 g E · 24 g F · 61 g KH

1 Die über Nacht in kaltem Wasser eingeweichten Linsen abgießen. Möhre schälen, waschen und in Scheiben schneiden. Zwiebeln schälen und fein würfeln. Kartoffeln schälen, waschen und klein würfeln. Porree putzen, gründlich waschen und in feine Ringe schneiden.

2 Speckschwarte abschneiden. Speck fein würfeln und in einer Pfanne ohne Fett kross ausbraten. Herausnehmen und auf Küchenpapier abtropfen lassen.

3 Im Speckfett die Zwiebeln glasig dünsten. Möhren, Petersilie und Linsen dazugeben. Gemüsebrühe hinzugießen und Speckschwarte dazugeben. Mit Salz, Pfeffer und Bohnenkraut würzen und bei geringer Hitze etwa 45 Minuten köcheln lassen.

4 Nach 20 Minuten die Kartoffelwürfel dazugeben. Wenn die Kartoffeln gar sind, die Suppe mit Essig, Zucker, Salz und Pfeffer süß-sauer abschmecken. Die Würstchen in der Linsensuppe etwa 10 Minuten erhitzen.

5 Schmand mit Senf verrühren. Die Linsensuppe mit etwas Senfschmand anrichten und mit Schnittlauch bestreut servieren.

Ähzezupp met Flöns

Zutaten für 4 Personen

200 g getrocknete Schälerbsen
1 Stange Porree
1 Möhre
1 Zwiebel
1 Stück Sellerie
250 g durchwachsener Speck
300 g Kartoffeln
1, 5 l Fleischbrühe
Salz, Pfeffer
1 Tl Majoran
500 g Blutwurst

Zubereitungszeit

20 Minuten
(plus Einweich- und Kochzeit)

Pro Portion

ca. 855 kcal/3591 kJ
45 g E · 59 g F · 37 g KH

1 Die Erbsen am Vorabend in viel kaltem Wasser einweichen. Am nächsten Tag abgießen und abtropfen lassen. Das Gemüse putzen, waschen und klein schneiden. Den Speck klein würfeln. Die Kartoffeln schälen, waschen und klein würfeln.

2 Die Brühe erhitzen und die abgetropften Erbsen darin etwa 45 Minuten kochen lassen, anschließend alle anderen Zutaten bis auf Speck und Zwiebeln hineingeben und weitere 15 Minuten kochen lassen.

3 Inzwischen den Speck in einer Pfanne kross ausbraten, die fein gewürfelte Zwiebel zugeben und glasig dünsten. Alles zur Suppe geben. Die Suppe mit Salz, Pfeffer und Majoran abschmecken und mit gebratener Blutwurst servieren.

P

Kartoffeln und Gemüse

Dicke Bohnen mit Speck

Zutaten für 4 Personen

1 kg große Bohnen
(Dicke Bohnen, Pferde- oder Saubohnen)
etwas frisches Bohnenkraut
250 ml Wasser
Salz
1 kg Kartoffeln
3 Zwiebeln
80 g geräucherter durchwachsener Speck
2 El Mehl
Pfeffer
1 Prise Zucker
1–2 El Essig

Zubereitungszeit

30 Minuten
(plus Garzeit)

Pro Portion

ca. 330 kcal/1386 kJ
15 g E · 7 g F · 50 g KH

1 Die Bohnen aushülsen, waschen und abtropfen lassen. Das Bohnenkraut waschen, trockenschütteln und die Blättchen von den Stielen streifen. Die Bohnen mit dem Bohnenkraut zum Kochen bringen. Etwas Bohnenkraut zum Garnieren beiseite stellen. Bohnen salzen und etwa 10–20 Minuten garen.

2 Die garen Bohnen in einem Sieb abgießen und abtropfen lassen, den Kochsud dabei auffangen. Die Kartoffeln schälen, waschen, klein würfeln und ebenfalls in Salzwasser etwa 15 Minuten garen. Abgießen und abtropfen lassen. Die Zwiebeln schälen und klein würfeln. Den Speck würfeln und ausbraten. Die gewürfelten Zwiebeln in dem heißen Bratfett glasig dünsten.

3 Alles mit dem Mehl bestäuben, unter Rühren schwitzen lassen und mit etwas von dem Bohnenwasser zu einer glatten Sauce verrühren. Sauce etwa 5 Minuten durchkochen lassen. Abgetropfte Bohnen und Kartoffelstücke unter die fertige Sauce heben. Alles mit Salz, Pfeffer, Zucker und Essig pikant abschmecken. Mit dem restlichen Bohnenkraut garniert servieren.

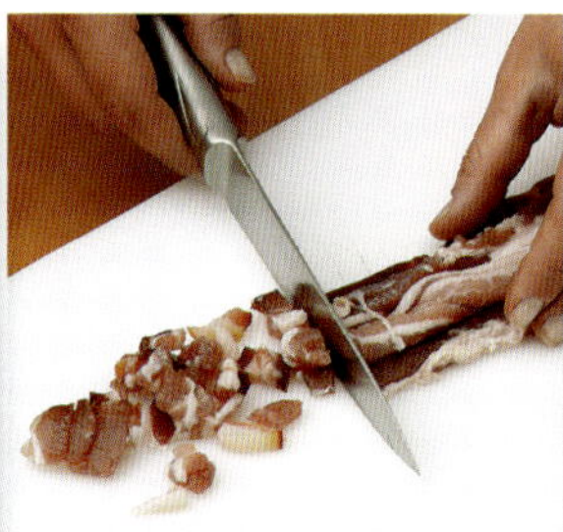

Tipp: Bohnenkraut verstärkt nicht nur das Aroma von Bohnen. Auch Lammkoteletts können aromatischer werden, wenn man sie mit Bohnenkraut brät.

Schnippelkuchen

Zutaten für 4 Personen

50 g Mehl
150 ml Milch
4 Eier
Salz, Pfeffer
Muskatnuss
750 g Kartoffeln
3 Zwiebeln
200 g Scheiben Schinkenspeck
40 g Schweineschmalz
1 Bund Schnittlauch

Zubereitungszeit

35 Minuten

Pro Portion

ca. 475 kcal/1995 kJ
25 g E · 22 g F · 42 g KH

1 Mehl mit Milch und Eiern verquirlen und mit Salz, frisch gemahlenem weißem Pfeffer und frisch geriebener Muskatnuss würzen. Die Kartoffeln schälen, waschen und abtropfen lassen. Kartoffeln anschließend mit einer Küchenmaschine oder auf der groben Seite der Haushaltsreibe raffeln.

2 Die Kartoffelraffel sofort zum Teig hinzufügen und darunter heben, damit sie nicht braun werden. Die Zwiebeln schälen, fein würfeln, zugeben und unterheben.

3 Den Schinkenspeck in einer Pfanne knusprig ausbraten, herausnehmen und abtropfen lassen.

4 10 g Schweineschmalz in einer Pfanne erhitzen, 1/4 des Teiges hineingeben und auf jeder Seite etwa 3–4 Minuten zu einem goldgelben Pfannkuchen backen. Herausnehmen und mit 1/4 des Schinkenspecks garnieren, warm halten.

5 Mit dem restlichen Teig ebenso verfahren. Schnippelkuchen mit Schnittlauch garnieren. Dazu schmeckt Schwarzbrot oder Apfelkraut.

Stielmus

1 Das Stielmus putzen, gründlich waschen, abtropfen lassen und in feine Streifen schneiden. Die Kartoffeln schälen, waschen und klein würfeln.

2 Das Butterschmalz in einem Topf erhitzen und das Stielmus darin etwa 5 Minuten unter Rühren andünsten. Die Kartoffeln hinzufügen und unter Rühren etwa 5 Minuten mitdünsten lassen.

3 Die Fleischbrühe hinzugießen und alles bei geringer Hitze etwa 20 Minuten köcheln lassen.

4 Das Gemüse mit Salz und Pfeffer abschmecken. Die Sahne unterrühren und das Gemüse damit verfeinern.

Zutaten für 4 Personen

1 kg Stielmus
750 g Kartoffeln
2 El Butterschmalz
500 ml Fleischbrühe
Salz, Pfeffer
100 ml süße Sahne

Zubereitungszeit

30 Minuten
(plus Garzeit)

Pro Portion

ca. 313 kcal/1313 kJ
10 g E · 13 g F · 36 g KH

Ädäppelschlot

Zutaten für 4 Personen

1 kg Kartoffeln
1 El Kümmel
75 g durchwachsener Speck
40 g fetter Speck
2 Zwiebeln
2 Gewürzgurken
1 Bund Petersilie
2 El Öl
Essig
Salz, Pfeffer
Zucker

Zubereitungszeit

35 Minuten
(plus Garzeit)

Pro Portion

ca. 305 kcal/1281 kJ
11 g E · 10 g F · 40 g KH

1 Die Kartoffeln waschen, gründlich sauber bürsten und mit dem Kümmel in reichlich Wasser etwa 20 Minuten gar kochen lassen. Den Speck klein würfeln.

2 Die Zwiebeln schälen und fein hacken. Die Gewürzgurken ebenfalls klein hacken. Die Petersilie waschen, trockenschütteln und fein hacken.

3 Das Öl in einer Pfanne erhitzen und den Speck darin ausbraten, die Zwiebeln hinzufügen und unter Rühren glasig dünsten.

4 Die Kartoffeln abgießen, etwas abkühlen lassen und schälen. Anschließend in dünne Scheiben schneiden und in eine große Salatschüssel geben. Die Speck-Zwiebel-Mischung hinzufügen und unterrühren.

5 Gurkenwürfel und gehackte Petersilie ebenfalls hinzufügen und alles miteinander vermischen. Zum Schluss mit Essig, Salz, Pfeffer und Zucker abschmecken. Der Salat wird warm serviert, dazu schmecken gebratene Blut- und Leberwurstscheiben.

Rheinische Kümmelkartoffeln

1 Den Backofen auf 175 °C vorheizen. Die Kartoffeln waschen, gründlich sauber bürsten und der Länge nach halbieren. Eine Auflaufform mit Öl einfetten.

2 Die Kartoffelhälften jeweils an der Schnittfläche mit etwas Öl bestreichen. Kartoffelhälften jeweils mit der Schalenseite nach unten in die mit Öl ausgestrichene Auflaufform legen.

3 Die Kartoffeln mit dem groben Salz und den Kümmelkörnern dünn bestreuen und die Kümmelkartoffeln im vorgeheizten Backofen bei 175 °C etwa 35 Minuten backen. Mit einem spitzen Messer die Garprobe machen. Die Kartoffeln mit Kräuterquark servieren.

Zutaten für 4 Personen

12 Kartoffeln
3 El Öl
grobes Salz
4–6 El Kümmel

Zubereitungszeit

10 Minuten
(plus Garzeit)

Pro Portion

ca. 149 kcal/626 kJ
10 g E · 2 g F · 22 g KH

Blindhuhn nach rheinischer Art

Zutaten für 4 Personen

250 g weiße Bohnen
250 g magerer durchwachsener Speck
250 g Möhren
400 g Buschbohnen
2 Äpfel
2 Zwiebeln
400 g Kartoffeln
ca. 100–200 ml Gemüsebrühe
Salz, Pfeffer
3 El gehackte Petersilie

Zubereitungszeit

20 Minuten
(plus Einweichzeit,
plus Garzeit)

Pro Portion

ca. 410 kcal/1722 kJ
30 g E · 7 g F · 54 g KH

1 Die Bohnen über Nacht in kaltem Wasser einweichen. Am nächsten Morgen abgießen, abtropfen lassen und mit dem Speck in einem Topf zum Kochen bringen. Zugedeckt etwa 30 Minuten kochen lassen.

2 Inzwischen die Möhren und die Bohnen putzen und waschen. Möhren klein würfeln, Bohnen in Stücke schneiden. Die Äpfel und die Zwiebeln schälen und klein würfeln. Die Kartoffeln ebenfalls schälen, waschen und klein würfeln.

3 Nach 30 Minuten Garzeit das zerkleinerte Gemüse in den Topf geben und bissfest garen lassen. Nur so viel Gemüsebrühe zugießen, dass nichts anbrennt. Den Eintopf mit Salz und Pfeffer abschmecken und mit Petersilie bestreut servieren.

Jäger-Kappes

Zutaten für 4 Personen

ca. 1 kg Weißkohl
75 g durchwachsener Speck
2 Zwiebeln
1 El Butter
1 El Mehl
ca. 150 ml Gemüsebrühe
1 Tl Kümmel
1–2 säuerliche Äpfel
z. B. Boskop
Salz
2 El Zitronensaft
oder Weißwein

Zubereitungszeit

20 Minuten
(plus Garzeit)

Pro Portion

ca. 142 kcal/595 kJ
7 g E · 4 g F · 17 g KH

1 Den Kohl putzen, waschen und vierteln. Den Strunk entfernen und den Kohl in feine Streifen hobeln. Den Speck klein würfeln. Die Zwiebeln schälen und klein hacken. Die Butter in einer großen Pfanne erhitzen und Speck und Zwiebeln darin dünsten.

2 Den Weißkohl hinzugeben und etwa 5–8 Minuten mitschmoren. Das Mehl darüber stäuben und die Brühe hinzugießen. Mit Kümmel bestreuen und alles etwa 15–20 Minuten schmoren lassen. Der Kohl sollte bissfest bleiben und möglichst nur leicht bräunen.

3 Die Äpfel schälen, vierteln und entkernen, anschließend in Spalten schneiden, zum Kohl geben und etwa 3 Minuten mitschmoren lassen. Wenn der Kohl gar ist, alles mit Salz, Zitronensaft oder Wein abschmecken. Dazu schmeckt Schweinebraten mit Klößen.

Rheinische Kartoffelklöße

Zutaten für 4 Personen

500 g Kartoffeln
125 ml Milch
1 altbackenes Brötchen
3 Eier
125 g Butter
Salz, Pfeffer
Muskat
1/2 Bund Petersilie

Zubereitungszeit

30 Minuten
(plus Koch- und Backzeit)

Pro Portion

ca. 443 kcal/1859 kJ
11 g E · 75 g F · 27 g KH

1 Die Kartoffeln waschen, unter fließendem Wasser gründlich sauber bürsten und in reichlich Wasser etwa 20 Minuten garen lassen. Die garen Kartoffeln abgießen, etwas abkühlen lassen und schälen. Inzwischen die Milch zum Kochen bringen.

2 Das Brötchen in Scheiben schneiden und mit der kochenden Milch übergießen. Die Eier trennen und die Kartoffeln durch die Kartoffelpresse drücken.

3 Die Hälfte der Butter schaumig rühren. Das Eigelb und die Gewürze zugeben und unterrühren.

4 Das eingeweichte Brötchen und die Kartoffeln ebenfalls zugeben und alles miteinander vermischen. Das Eiweiß zu steifem Schnee schlagen, zur Kartoffelmasse hinzufügen und unterheben. Die Petersilie waschen, trockenschütteln und klein hacken.

5 Teig mit der Petersilie verkneten und mit Salz, Pfeffer und viel frisch geriebener Muskatnuss abschmecken. In einer großen Pfanne die restliche Butter erhitzen. Von dem Kartoffelteig mit einem Esslöffel kleine Klöße abstechen und nacheinander in der Butter rundherum schön goldbraun braten.

6 Herausnehmen, abtropfen lassen und warm halten, bis alle Klöße fertig gebacken sind. Die Kartoffelklöße schmecken besonders gut zu Rheinischem Sauerbraten oder zu Rinderbraten.

Rheinischer Grünkohl

Zutaten für 4 Personen

500 g Kartoffeln
1 kg Grünkohl
250 ml Fleischbrühe
2 Zwiebeln
150 g magerer Speck
30 g Gänseschmalz
40 g Mehl
150 ml Sahne
Salz, Pfeffer
Zucker
Muskatnuss
1 El süßer Senf

Zubereitungszeit

30 Minuten
(plus Kochzeit)

Pro Portion

ca. 460 kcal/1932 kJ
22 g E · 25 g F · 36 g KH

1 Die Kartoffeln schälen, waschen und klein würfeln. Den Grünkohl putzen, das Blattgrün waschen und klein schneiden.

2 Die Brühe zum Kochen bringen, Kartoffeln und Kohl darin etwa 30 Minuten kochen.

3 Die Zwiebeln schälen und klein würfeln. Den Speck ebenfalls klein würfeln. Das Gänseschmalz in einer Pfanne erhitzen und den Speck darin ausbraten. Zwiebeln zugeben und glasig dünsten.

4 Die Pfanne vom Herd nehmen und das Mehl und die Sahne darunter rühren. Vom Grünkohl-Kartoffel-Topf so viel Flüssigkeit abschütten, dass der Topfboden noch so eben von Flüssigkeit bedeckt ist.

5 Den Pfanneninhalt in den Topf geben, unterheben und alles einmal durchkochen lassen. Das Gemüse mit Salz, Pfeffer, etwas Muskat und Senf abschmecken. Dazu schmeckt Bratwurst.

Linsen süß-sauer mit Blotwoosch

1 Die Linsen am Vorabend waschen und in kaltem Wasser einweichen. Am nächsten Tag abgießen und abtropfen lassen. Den Porree putzen, waschen und in feine Ringe schneiden. Die Möhren und den Sellerie putzen, schälen und klein würfeln. 40 g Schmalz erhitzen und den Porree, die Möhren und den Sellerie hinzugeben und darin 5 Minuten anbraten.

2 Die Linsen und die Brühe hinzugeben und alles zugedeckt bei geringer Hitze etwa 45–50 Minuten gar kochen lassen. Anschließend mit Salz, Pfeffer, Zucker und etwas Essig süß-sauer abschmecken.

3 Die Zwiebeln schälen, in Ringe schneiden, salzen und pfeffern. Restliches Schmalz erhitzen und die Zwiebelringe darin goldgelb braten. Die Zwiebeln aus dem Fett heben und warm stellen. Die Blutwurst pellen und in Scheiben schneiden.

4 Die Blutwurstscheiben in etwas Mehl wenden und in dem Zwiebelfett braun braten. Blutwurst auf dem Linsengemüse anrichten und mit gerösteten Zwiebeln bestreut servieren.

Zutaten für 4 Personen

400 g Linsen
1 Stange Porree
2 Möhren
1/2 Sellerieknolle
60 g Schweine- oder Butterschmalz
1 1/4 l Fleisch- oder Gemüsebrühe
Salz, Pfeffer
Zucker
1 El Essig
3 Zwiebeln
500 g Blutwurst
Mehl

Zubereitungszeit

30 Minuten
(plus Kochzeit)

Pro Portion

ca. 918 kcal/3854 kJ
46 g E · 56 g F · 58 g KH

Ruude Kappes

Zutaten für 4 Personen

750 g Rotkohl
20 g Schweineschmalz
2 Zwiebeln
3 Nelken
2 Lorbeerblätter
100 ml Essig
100 ml Fleischbrühe
2 große Äpfel
1 El Kartoffelmehl
Salz, Pfeffer
Zucker

Zubereitungszeit

30 Minuten
(plus Garzeit)

Pro Portion

ca. 136 kcal/569 kJ
4 g E · 6 g F · 17 g KH

1 Die äußeren Blätter des Rotkohls entfernen, den Rotkohl halbieren und den Strunk entfernen. Den Kohl anschließend in feine Streifen hobeln. Das Schmalz in einem Topf erhitzen und den Rotkohl darin andünsten.

2 Die Zwiebeln schälen, mit den Nelken und den Lorbeerblättern spicken und auf den Rotkohl legen. Den Essig und die Brühe dazugießen. Die Äpfel schälen, vierteln, entkernen und ebenfalls auf den Rotkohl legen.

3 Alles zugedeckt etwa 35–40 Minuten dünsten lassen. Wenn der Rotkohl gar ist, die gespickte Zwiebel entfernen. Das Kartoffelmehl über den Rotkohl stäuben und gut unterrühren. Den Rotkohl mit Salz, Pfeffer, Essig und 1 Prise Zucker süß-sauer abschmecken.

Schwarzwurzeln mit Schinken

1 Schwarzwurzeln gründlich waschen und in Salzwasser 3 Minuten blanchieren. Abgießen, abschrecken, schälen und in Stücke schneiden.

2 Gemüsebrühe mit Sahne und Milch aufkochen. Mit Zitronenschale, Salz, Pfeffer und Muskat würzen. Schwarzwurzeln darin etwa 10 Minuten garen, abgießen, Kochsud auffangen und beides warm halten.

3 Butter schmelzen und das Mehl darin anschwitzen. Nach und nach mit dem Kochsud zur Sauce geben, unterrühren und 5 Minuten durchkochen.

4 Kochschinken klein würfeln und unter die Sauce heben. Schwarzwurzeln ebenfalls unterheben und alles einmal aufkochen. Petersilie waschen, trockenschütteln und fein hacken. Schwarzwurzeln mit Petersilie bestreut servieren. Dazu schmecken Salzkartoffeln.

Zutaten für 4 Personen

1 kg Schwarzwurzeln
100 ml Gemüsebrühe
200 ml Sahne
100 ml Milch
1 El abgeriebene Zitronenschale
Salz, Pfeffer
Muskat
40 g Butter
40 g Mehl
250 g Kochschinken
1 Bund Petersilie

Zubereitungszeit

30 Minuten
(plus Garzeit)

Pro Portion

ca. 403 kcal/1691 kJ
20 g E · 29 g F · 15 g KH

Brennnesselspinat

Zutaten für 4 Personen

1 kg Brennnesselblätter
1 Zwiebel
50 g Butter
50 g Mehl
100 ml süße Sahne
Salz, Pfeffer
Muskatnuss

Zubereitungszeit

20 Minuten
(plus Garzeit)

Pro Portion

ca. 338 kcal/1418 kJ
16 g E · 20 g F · 23 g KH

1 Die jungen, frisch gepflückten Brennnesselblätter am besten mit dünnen Handschuhen putzen, anschließend waschen und in ein großes Sieb geben. Etwa 1 Liter Wasser zum Kochen bringen und die Brennnesseln damit etwa 1 Minute überbrühen. Abgießen und das Wasser dabei auffangen. Die Brennnesseln abtropfen lassen, etwas abkühlen lassen, auspressen und fein hacken.

2 Die Zwiebel schälen und feinhacken. Die Butter in einem Topf aufschäumen lassen und die Zwiebelwürfel darin glasig dünsten. Mit dem Mehl überstäuben und unter Rühren goldgelb anschwitzen. Nach und nach die Sahne und etwas von der Brühflüssigkeit darunter rühren und alles zu einer dickflüssigen glatten Sauce rühren.

3 Die Sauce 5 Minuten durchkochen lassen. Die fein gehackten Brennnesseln hinzufügen und mit der Sauce vermischen. Das Brennnesselgemüse mit Salz, Pfeffer und frisch geriebener Muskatnuss pikant abschmecken.

Die jungen Brennnesseltriebe werden kulinarisch vor allem wegen ihres feinsäuerlichen Geschmack geschätzt. Sammeln Sie die Brennnesseln aber unbedingt nur an unbedenklichen Stellen! Und lassen Sie ein paar Triebe für die Schmetterlinge stehen.

Stampfkartoffeln mit suure Kappes

Zutaten für 4 Personen

750 g mehlig
kochende Kartoffeln
Salz
500 ml Fleischbrühe
frisch geriebene Muskatnuss
750 g Weißkohl
40 g Butterschmalz
1 Zwiebel
20 g Mehl
1 Tl Kümmel
2 Äpfel
2 El Essig
Zucker

Zubereitungszeit

35 Minuten
(plus Garzeit)

Pro Portion

ca. 330 kcal/1386 kJ
7 g E · 11 g F · 48 g KH

1 Die Kartoffeln waschen, schälen, grob würfeln und in Salzwasser etwa 25 Minuten garen. Abgießen und abdämpfen. Anschließend die Kartoffeln zerstampfen, dabei die heiße Fleischbrühe bis auf einen kleinen Rest unterrühren. Kartoffelbrei mit Salz und Muskatnuss abschmecken und warm halten.

2 Den Weißkohl putzen, hobeln und in heißem Butterschmalz anbraten. Die Zwiebel schälen, klein hacken und dazugeben. Alles mit dem Mehl bestäuben, die restliche Brühe und den Kümmel dazugeben und etwa 40 Minuten gar schmoren lassen.

3 Die Äpfel schälen, vierteln und entkernen und in schmale Spalten geschnitten etwa 20 Minuten mitschmoren lassen. Den Kohl mit Salz, Essig und Zucker pikant abschmecken und zu den Stampfkartoffeln servieren.

Wirsing untereinander

1 Das Schweinefleisch in der Brühe so lange kochen, bis es gar ist. In der Zwischenzeit die Kartoffeln schälen, waschen und klein würfeln. Vom Wirsing die äußeren Blätter ablösen und den Strunk herausschneiden. Den Wirsing waschen, abtropfen und in mundgerechte Stückchen schneiden. Die Zwiebel schälen und fein würfeln.

2 Das Fleisch aus der Brühe herausnehmen und warm halten. Die Kartoffeln in die Brühe geben und etwa 15 Minuten darin garen lassen. Wirsing und Zwiebel hinzufügen und alles weitere 10 Minuten kochen lassen.

3 Das Fleisch klein schneiden und in das gegarte Gemüse geben. Alles mit Salz, Pfeffer und frisch geriebener Muskatnuss abschmecken.

Zutaten für 4 Personen

500 g Schweinenacken
1 l Gemüsebrühe
500 g Kartoffeln
1 großer Kopf Wirsing
1 Zwiebel
Salz, Pfeffer
Muskatnuss

Zubereitungszeit

30 Minuten
(plus Garzeit)

Pro Portion

ca. 308 kcal/1292 kJ
30 g E · 11 g F · 21 g KH

Fleisch und Geflügel

Rheinische Pepse

Zutaten für 4 Personen

500 ml Essig
2 Zwiebeln
1 Möhre
1 Stück Sellerie
2 Lorbeerblätter
5 Wacholderbeeren
2 Nelken
1/2 Tl geschroteter Pfeffer
800 g Schweinebraten
Salz, Pfeffer
40 g Schweineschmalz
Mehl
Zucker

Zubereitungszeit

25 Minuten
(plus Marinier- und Bratzeit)

Pro Portion

ca. 460 kcal/1932 kJ
43 g E · 28 g F · 9 g KH

1 Für diesen Sauerbraten aus Schweinefleisch Essig mit 500 ml Wasser in einen Topf gießen. Die Zwiebeln schälen und grob zerkleinert dazugeben. Möhre und Sellerie schälen, grob würfeln und ebenfalls hinzugeben.

2 Diese Beize mit den Lorbeerblättern, den zerdrückten Wacholderbeeren, den Nelken und dem geschroteten Pfeffer 2 Minuten durchkochen lassen. Beize anschließend abkühlen lassen. Den Schweinebraten in die Beize legen und an einem kühlen Ort mindestens 2 Tage marinieren lassen. Zwischendurch das Fleisch immer wieder wenden.

3 Fleisch aus der Beize nehmen, abtropfen lassen, abtrocknen und mit Salz und Pfeffer würzen. Wurzelgemüse ebenfalls aus der Beize nehmen und abtropfen lassen. Schmalz erhitzen und das Fleisch darin anbraten.

4 Wurzelgemüse hinzugeben. Alles mit Mehl bestäuben, kurz mitrösten und die Hälfte der Beize hinzugießen. Braten zugedeckt im vorgeheizten Backofen bei 200 °C 1 1/2 Stunden schmoren lassen. Das Fleisch herausnehmen und warm halten. Den Bratenfond mit der restlichen Beize loskochen.

5 2 El Mehl mit kaltem Wasser glatt rühren und Fond damit binden. Ist die Sauce zu sauer, etwas Zucker dazugeben. Die Sauce durchpassieren und zum Braten reichen. Dazu schmecken Kartoffelklöße und Rotkohl.

Düsseldorfer Senfrostbraten

Zutaten für 4 Personen

4 Rumpsteaks (à 180 g)
2 Zwiebeln
Mehl
süßer Senf
Salz, Pfeffer
Butterschmalz

Zubereitungszeit

15 Minuten
(plus Bratzeit)

Pro Portion

ca. 310 kcal/1302 kJ
54 g E · 9 g F · 2 g KH

1 Die Rumpsteaks sehr dünn klopfen. Die Zwiebeln schälen und in sehr feine Würfel schneiden. Die Zwiebelwürfel mit so viel Mehl bestäuben, dass sie nicht mehr feucht sind. Anschließend so viel Senf hinzugeben, dass eine dicke Masse entsteht.

2 Die Steaks von beiden Seiten mit Salz und Pfeffer würzen und von einer Seite mit der Senf-Zwiebel-Masse bestreichen. Die bestrichene Seite noch einmal in Mehl legen.

3 Etwas Butterschmalz in einer Pfanne stark erhitzen, das Fleisch mit der bestrichenen Seite zuerst hineingeben und etwa 1 Minute braten. Steaks vorsichtig wenden und noch einmal etwa 2 Minuten braten. Herausnehmen und mit Bratkartoffeln und Salat servieren.

Wellfleisch mit Sauerkraut

1 2 Zwiebeln schälen und klein würfeln. Den Schweinebauch und die Zwiebeln mit 4 Nelken und 2 Lorbeerblättern in Salzwasser etwa 1 1/2 Stunden gar kochen lassen.

2 Kartoffeln schälen, waschen und 20 Minuten in Salzwasser kochen lassen. Sauerkraut in einen Topf geben. Restliche Zwiebel schälen, in Scheiben schneiden und mit den restlichen Nelken, Lorbeerblättern und den zerdrückten Wacholderbeeren zum Sauerkraut geben. Wein, Zucker, Salz und Pfeffer zufügen und etwa 30 Minuten kochen lassen.

3 In der Zwischenzeit den Speck in kleine Würfel schneiden und in einer Pfanne ohne Fett ausbraten. Mit Mehl bestäuben und unter das Kraut mischen.

4 Die gegarten Kartoffeln abgießen und anschließend durch eine Kartoffelpresse drücken. Kartoffelmasse mit der warmen Milch und der Butter glatt rühren und mit Salz und frisch geriebener Muskatnuss abschmecken.

5 Das Wellfleisch herausnehmen, in Scheiben schneiden und warm halten. Kartoffelpüree und Sauerkraut mit Wellfleisch auf Tellern anrichten und servieren.

Zutaten für 4 Personen

3 Zwiebeln
600 g Schweinebauch
6 Nelken
3 Lorbeerblätter
Salz
600 g Kartoffeln
600 g Sauerkraut
10 Wacholderbeeren
150 ml Weißwein
Pfeffer
1 Tl Zucker
100 g durchwachsenen Speck
40 g Mehl
150 ml warme Milch
50 g Butter
Muskatnuss

Zubereitungszeit

25 Minuten
(plus Koch- und Bratzeit)

Pro Portion

ca. 708 kcal/2972 kJ
37 g E · 52 g F · 17 g KH

Rheinischer Schweinebraten

Zutaten für 4 Personen

2 El Korinthen
500 ml Weißwein
1,2 kg Schweinenacken
Salz, Pfeffer
1 Tl gerebelter Majoran
2 El Butterschmalz
3 Zwiebeln
3 Äpfel
175 g Crème fraîche
Zucker

Zubereitungszeit

20 Minuten
(plus Zeit zum Quellen und Braten)

Pro Portion

ca. 743 kcal/3119 kJ
64 g E · 48 g F · 14 g KH

1 Die Korinthen in 125 ml Wein etwa 2 Stunden quellen lassen. Den Backofen auf 200 °C vorheizen. Das Fleisch mit Salz, Pfeffer und Majoran einreiben.

2 Das Fleisch im heißen Schmalz anbraten. Die Hälfte des restlichen Weins hinzugießen. Den Braten im vorgeheizten Backofen bei 200 °C etwa 1 1/2 Stunden braten lassen. Braten zwischendurch wenden und den restlichen Wein nach und nach hinzugießen. Die Zwiebeln schälen und in Ringe schneiden.

3 Etwa 15 Minuten vor Ende der Bratzeit die Zwiebeln mitbraten lassen. Die Äpfel schälen, vierteln, entkernen, in Scheiben schneiden und die letzten 10 Minuten mitgaren. Korinthen mit der Flüssigkeit ebenfalls zugeben.

4 Fleisch herausnehmen und 10 Minuten ruhen lassen. Den Bratenfond mit der Crème fraîche verrühren, mit Salz, Pfeffer und Zucker abschmecken.

5 Fleisch in Scheiben schneiden und mit der Sauce servieren. Dazu schmecken rheinische Kartoffelklöße (siehe Seite 48).

Tipp: Wenn Sie eine besonders knusprige Schwarte am Schweinebraten wünschen, streichen Sie ihn etwa 10 Minuten vor Ende der Garzeit mit Bier ein. Anschließend scharf nachbraten.

Steckrüben mit Kasselernacken

Zutaten für 4 Personen

1 kg Steckrüben
2 Zwiebeln
500 g Kasselernacken
2 Lorbeerblätter
1 l Gemüsebrühe
500 g Kartoffeln
30 g Butter
30 g Mehl
1 Bund glatte Petersilie
Salz, Pfeffer
Muskatnuss

Zubereitungszeit

25 Minuten
(plus Kochzeit)

Pro Portion

ca. 468 kcal/1964 kJ
28 g E · 21 g F · 40 g KH

1 Die Steckrüben putzen, schälen, waschen und stifteln. Die Zwiebeln schälen und in Ringe schneiden. Den Kasseler mit Steckrüben, Zwiebeln und den Lorbeerblättern etwa 20 Minuten in der Brühe garen lassen.

2 Inzwischen die Kartoffeln schälen, waschen und stifteln und 25 Minuten mitkochen lassen. Die Butter in einem Topf zerlassen, das Mehl darüber stäuben und goldgelb schwitzen. Das Gemüse damit binden. Die Petersilie waschen, trockenschütteln und fein hacken, unter das Steckrübengemüse heben. Alles mit Salz, Pfeffer und Muskatnuss abschmecken.

3 Kasselerfleisch herausnehmen, abtropfen lassen und in Scheiben schneiden. Das Gemüse auf Tellern anrichten und jeweils mit Kasselerscheiben belegt servieren.

Schweinehaxe in Altbiersauce

1 Den Backofen auf 200 °C vorheizen. Die Haxen waschen, abtrocknen und mit Salz und Pfeffer einreiben. In einen Bräter mit wenig Öl legen und im vorgeheizten Backofen bei 200 °C etwa 40 Minuten braten.

2 Zwiebeln schälen, Möhren und Sellerie putzen, schälen und klein schneiden. Nach 40 Minuten Zwiebeln und Gemüse mit den Lorbeerblättern und dem Kümmel zu den Haxen geben, 10 Minuten mitbraten. Das Altbier und die Brühe hinzugießen und bei 150 °C noch 1 Stunde weiter schmoren.

3 Haxen herausnehmen und warm halten. Den Senf in den Bratensaft hineinrühren. Das Mehl mit etwas Wasser verrühren und den Bratenfond damit binden. Alles einmal kräftig durchkochen, durchpassieren und zu den Haxen servieren Dazu schmecken Bratkartoffeln und ein grüner Salat.

Zutaten für 4 Personen

4 Schweinehaxen
Salz, Pfeffer
Öl
4 Zwiebeln
2 Möhren
1 Stück Sellerie
2 Lorbeerblätter
1/2 Tl Kümmel
250 ml Altbier
50 ml Fleischbrühe
1 El Löwensenf
1 El Mehl

Zubereitungszeit

20 Minuten
(plus Bratzeit)

Pro Portion

ca. 365 kcal/1533 kJ
37 g E · 21 g F · 7 g KH

Hasenpfeffer

Zutaten für 4 Personen

750 g Hasenfleisch mit Herz, Lunge und Leber
Salz
50 g durchwachsener Speck
2 Zwiebeln
50 g Butter
500 ml Gemüsebrühe
3 Nelken
6 Pfefferkörner
1 Lorbeerblatt
1 El Zucker
etwas Essig
1 El Mehl
50 g Honigkuchen
100 g Backobst
3 El Johannisbeergelee

Zubereitungszeit

30 Minuten
(plus Bratzeit)

Pro Portion

ca. 493 kcal/2069 kJ
46 g E · 20 g F · 30 g KH

1 Das Hasenfleisch klein schneiden und rundherum mit Salz einreiben. Den Speck in kleine Würfel schneiden. Die Zwiebeln schälen und fein würfeln. Den Speck in einer Pfanne ohne Fett langsam ausbraten. Herausnehmen und die Zwiebeln im Speckfett glasig dünsten lassen.

2 Zwiebeln ebenfalls herausnehmen und die Butter darin heiß werden lassen. Das Fleisch hineingeben und kräftig braun anbraten. Die Brühe zugießen und alles einmal aufkochen lassen. Nelken, Pfefferkörner, Lorbeerblätter und Zucker dazugeben und alles so lange schmoren lassen, bis das Fleisch weich ist. Das kann je nach Alter des Tieres 1–2 Stunden dauern.

3 Wenn das Fleisch gar ist, herausnehmen und die Sauce mit etwas Mehl je nach gewünschter Sämigkeit binden. Den Honigkuchen fein reiben und das Backobst klein hacken. Den geriebenen Honigkuchen und das klein gehackte Backobst unter die Sauce rühren. Das Johannisbeergelee ebenfalls unter die Sauce rühren und alles süß-säuerlich abschmecken. Zum Hasenpfeffer schmecken Salzkartoffeln oder Nudeln und Rotkohl.

Rheinische Martinsgans

Zutaten für 6 Personen

1 Gans mit Herz und Leber
Salz, Pfeffer
200 g getrocknete Aprikosen
250 g Backpflaumen
ohne Stein
5 Zwiebeln
175 g durchwachsenen Speck
50 g Butter
4 El gehackte glatte Petersilie
4 Zweige Thymian
4 Zweige Rosmarin
1 Stange Porree
1 kleine Knollensellerie
200 g Petersilienwurzel
Mehl
Holzstäbchen

Zubereitungszeit

35 Minuten
(plus Bratzeit)

Pro Portion

ca. 730 kcal/3066 kJ
26 g E · 48 g F · 47 g KH

1 Aus der Gans Innereien und Fett herauslösen. Fett beiseite stellen. Innereien putzen und waschen. Gans waschen, abtrocknen und mit Salz und Pfeffer würzen. Backofen auf 200 °C vorheizen. Trockenobst klein schneiden, Zwiebeln schälen und fein würfeln, Speck und Gänseleber ebenfalls würfeln. Speckwürfel in der Butter glasig dünsten, Zwiebeln mitbraten. Petersilie zugeben, Trockenfrüchte und Gänseleber unterrühren. Kräuter waschen, trockenschütteln, Blättchen von den Stielen zupfen, untermischen und die Füllung mit Salz und Pfeffer würzen.

2 Füllung in die Gans geben, mit Holzstäbchen verschließen. Gans auf dem Rücken in die Fettpfanne des Backofens legen. Innereien klein schneiden. Gemüse putzen, waschen und zerkleinern. Innereien und Gemüse um die Gans herumlegen. Brusthaut mit einer Nadel einstechen. 150 ml heißes Wasser angießen.

3 Gans im Backofen bei 200 °C etwa 3 Stunden braten, dabei häufig begießen. 45 Minuten vor Garzeitende Temperatur auf 225 °C erhöhen. Die gegarte Gans auf ein Rost legen, wieder in den Ofen geben und ein Blech darunter schieben. Inhalt der Saftpfanne entfetten. Röststoffe mit 250 ml Wasser lösen, zur Sauce geben, aufkochen, durchsieben, mit Mehl binden und 5 Minuten kochen lassen. Gans tranchieren und mit Rotkohl und Klößen servieren.

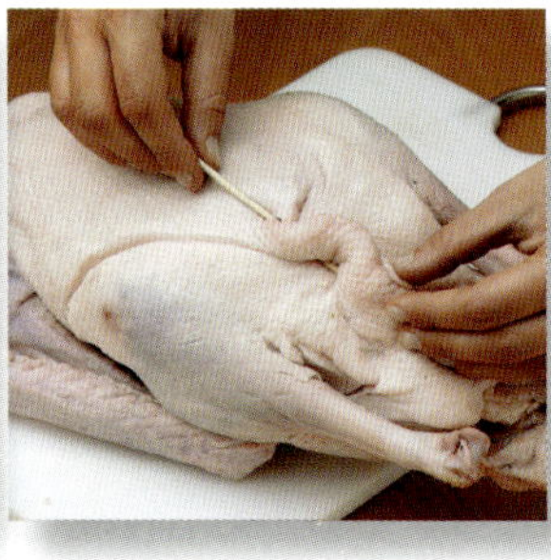

Krützchengulasch

Zutaten für 4 Personen

1 kg Schweinebraten
4 Zwiebeln
50 g Butterschmalz
3 Scheiben dunkles Landbrot
Salz, Pfeffer
Kümmel
edelsüßes Paprikapulver
1–2 Knoblauchzehen
250 ml Altbier
4 Äpfel

Zubereitungszeit

25 Minuten
(plus Brat- und Garzeit)

Pro Portion

ca. 565 kcal/2373 kJ
53 g E · 35 g F · 10 g KH

1 Das Fleisch in große Würfel schneiden. Zwiebeln schälen und in Ringe schneiden. Das Fett erhitzen und die Zwiebeln darin glasig dünsten. Das Schweinefleisch hinzufügen und braun anbraten.

2 Das Brot fein zerreiben und mitbraten. Alles mit Salz, Pfeffer, Kümmel und Paprika würzen. Den Knoblauch schälen und dazupressen, das Bier zugießen. Zugedeckt etwa 45 Minuten schmoren lassen.

3 3 Äpfel schälen, vierteln, entkernen, in Würfel schneiden und nach 20 Minuten dazugeben. Gulasch mit Salz und Pfeffer abschmecken. Restlichen Apfel waschen, vierteln, entkernen und in feine Spalten schneiden. Die Apfelspalten unter das Gulasch heben. Mit Krautsalat und Salzkartoffeln anrichten.

Rheinischer Sauerbraten

Zutaten für 4 Personen

1 kg Rindfleisch
aus der Keule oder Schulter
250 ml Essig
250 ml Wasser
1 Lorbeerblatt
5 Pfefferkörner
1/2 Tl Senfkörner
1 Zwiebel
60 g Fett
250 ml Fleischbrühe
2 El Rotwein
50 g Printen oder Lebkuchen
1 El Mehl
80 ml Sahne
40 g Rosinen
Salz, Zucker

Zubereitungszeit

20 Minuten
(plus Marinier- und Bratzeit)

Pro Portion

ca. 585 kcal/2457 kJ
52 g E · 33 g F · 18 g KH

1 Das Fleisch in eine Schüssel geben. Den Essig und das Wasser vermischen, Lorbeerblatt und Gewürzkörner dazugeben. Zwiebel schälen und klein gehackt dazugeben. Das Fleisch 3 Tage an einem kühlen Ort marinieren lassen, ab und zu wenden.

2 Fleisch herausnehmen und abtrocknen. Das Fett erhitzen und das Fleisch darin 15 Minuten anbraten. Die Fleischbrühe, den Rotwein und etwa 100 ml Marinade hinzugießen, zugedeckt 1 Stunde garen. Die Printen oder Lebkuchen fein zerbröckeln und 10 Minuten mitschmoren. Fleisch herausnehmen und warm halten.

3 Bratenfond durchpassieren und aufkochen. Das Mehl mit der Sahne verquirlen, hinzugeben und 5 Minuten kochen lassen. Die Rosinen zufügen. Die Sauce mit Salz und Zucker abschmecken. Zu Sauerbraten schmecken Apfelkompott und Kartoffelklöße.

Hämmche mit suure Kappes

Zutaten für 4 Personen

3 Zwiebeln
4 gepökelte Schweinehaxen
4 Wacholderbeeren
3 schwarze Pfefferkörner
2 Lorbeerblätter
Salz
30 g Butterschmalz
1 kg frisches Sauerkraut
250 ml Weißwein

Zubereitungszeit

20 Minuten
(plus Kochzeit)

Pro Portion

ca. 450 kcal/1890 kJ
41 g E · 27 g F · 8 g KH

1 2 Liter Wasser in einem großen Topf zum Kochen bringen. Die Zwiebeln schälen und vierteln. Die Schweinehaxen waschen, abtrocknen und mit den Zwiebeln in das kochende Wasser geben. Die Wacholderbeeren und die Pfefferkörner in einem Mörser etwas zerdrücken und mit den Lorbeerblättern und Salz zu den Haxen in das Wasser geben. Alles etwa 1 Stunde kochen lassen.

2 Das Butterschmalz in einem Topf erhitzen. Das Sauerkraut mit einer Gabel etwas auseinanderzupfen und in das heiße Butterschmalz geben. Unter Rühren darin 5 Minuten schmoren lassen. Den Wein langsam zugießen und das Sauerkraut einmal kräftig durchkochen lassen.

3 Wenn die Haxen gar sind, aus dem Kochsud herausnehmen und zu dem Sauerkraut in den Topf geben. Alles zugedeckt weitere 30 Minuten köcheln lassen. Die Haxen sind gar, wenn sich das Fleisch mühelos von den Knochen lösen lässt. Hämmchen mit Kraut isst man traditionell mit Kartoffelpüree und viel Senf.

Tipp: Aus dem Bratenfond können Sie auch noch eine Sauce zubereiten: Lösen Sie ihn mit ca. 125 ml Bier und etwas Wasser, lassen alles aufkochen und binden mit 2 Tl Stärkemehl. Mit Salz und Pfeffer würzen.

Rinderfilet rheinischer Art

Zutaten für 4 Personen

- 4 El Rosinen
- 200 ml Rotwein
- 800 g Rinderfilet
- Salz
- frisch gemahlener Pfeffer
- 1–2 El Olivenöl
- 1 Tl brauner Zucker
- 1 Tl Tomatenmark
- 300 ml Gemüse- oder Fleischbrühe
- 1–2 Tl Rotweinessig
- 1 El Paniermehl
- 1 1/2 El Mandelblättchen

Zubereitungszeit

10 Minuten
(plus Zeit zum Quellen, plus Bratzeit)

Pro Portion

ca. 415 kcal/1743 kJ
60 g E · 16 g F · 6 g KH

1 Die Rosinen in dem Rotwein mindestens 30 Minuten quellen lassen.

2 Das Rinderfilet in 4 Scheiben schneiden. Mit Salz und Pfeffer würzen. Etwas Olivenöl in einer Pfanne erhitzen, Fleisch darin von beiden Seiten etwa 1 Minute kräftig anbraten, anschließend Hitze reduzieren und Fleisch etwa 2 Minuten ziehen lassen.

3 Fleisch herausnehmen, den braunen Zucker und das Tomatenmark mit dem Bratenfond verrühren. Die Brühe mit dem Rotweinessig und den Rosinensud zugießen. Fleisch wieder hinzugeben, zugedeckt etwa 10 Minuten schmoren lassen.

4 Den Bratenfond mit dem Paniermehl abbinden, eventuell etwas einreduzieren lassen. Die Mandelsplitter in einer Pfanne ohne Fett rösten. Fleisch mit der Sauce anrichten, mit Mandeln und Rotweinrosinen bestreut servieren.

Panhas

1 Zwiebeln und Möhren schälen und klein würfeln. Fleisch, Zwiebeln und Möhren mit Salz und Pfeffer in 1 1/2 Liter Wasser zum Kochen bringen.

2 Alles 50 Minuten garen lassen. Fleisch herausnehmen und beiseite stellen. Brühe durchseihen und wieder zurück in den Topf geben. Fleisch pürieren und ebenfalls zurück in den Topf geben.

3 Mit Salz, Pfeffer, Nelken, Piment und Majoran pikant würzen. Das Buchweizenmehl unter Rühren langsam in die Brühe streuen. 15 Minuten köcheln lassen, bis die Masse fest ist und sich vom Topf löst.

4 Panhas in eine mit Pergamentpapier ausgelegte Kastenform füllen und im Kühlschrank über Nacht fest werden lassen. Anschließend die Fleischmasse stürzen und in 1,5 cm dicke Scheiben schneiden.

5 Etwas Butter in einer Pfanne erhitzen und den Panhas auf beiden Seiten je 5 Minuten goldbraun braten. Zu Panhas schmecken in Butter gebratene Apfelscheiben und etwas Rübenkraut.

Zutaten für 4 Personen

250 g Rindfleisch
300 g Schweinebauch
6 Zwiebeln
4 Möhren
Salz, Pfeffer
1/2 Tl gemahlene Nelken
1/2 Tl gemahlener Piment
Majoran
250–300 g Buchweizenmehl
Butter

Zubereitungszeit

25 Minuten
(plus Kochzeit)

Pro Portion

ca. 583 kcal/2447 kJ
32 g E · 24 g F · 60 g KH

Fischgerichte

Aal in Petersiliensauce

Zutaten für 4 Personen

1 kg Aal
Salz
1 Zwiebel
1 Möhre
2 Petersilienwurzeln
1/2 Stange Porree
500 ml Wasser
250 ml Weißwein
z. B. Riesling
1 Zitrone
1 Lorbeerblatt
Zucker
Pfeffer
1 Bund Petersilie
50 g Butter
40 g Mehl
150 ml süße Sahne

Zubereitungszeit

25 Minuten
(plus Kochzeit)

Pro Portion

ca. 1015 kcal/4263 kJ
44 g E · 84 g F · 20 g KH

1 Aal ausnehmen, säubern, waschen und abtrocknen und in Stücke schneiden. Anschließend rundherum salzen. Die Zwiebel schälen und in dünne Ringe schneiden. Die Möhre und die Petersilienwurzeln schälen, waschen und in Scheiben schneiden. Den Porree putzen, waschen und in Ringe schneiden.

2 Das Wasser mit dem Wein aufkochen. Die Zitrone waschen und vierteln. Zwiebel, Lorbeerblatt, Möhrenscheiben, Petersilienwurzel, klein geschnittener Porree, 1 Prise Zucker, Pfeffer und die Zitronenviertel dazugeben.

3 Die Petersilie waschen. Alles zum Kochen bringen und den Aal und die Hälfte der Petersilie hinzugeben. Aal etwa 20 Minuten bei geringer Hitze nur sieden lassen. Alles in ein Sieb geben und abtropfen lassen, die Fischbrühe dabei auffangen.

4 40 g Butter in einem Topf zerlassen. Das Mehl hinzugeben und unter Rühren hellgelb darin anschwitzen. Die Fischbrühe unter Rühren nach und nach hinzugießen und alles zu einer glatten Sauce rühren. 5 Minuten durchkochen lassen, dann abschmecken. Die gegarten Aalstücke zur Sauce hinzugeben und darin wieder erhitzen. Sahne angießen und vorsichtig unterheben. Die Sauce nicht mehr kochen lassen. Restliche Petersilie fein hacken, in etwas Butter schwenken und über den Aal geben.

Heringsstipp Ratsherrenart

Zutaten für 4 Personen

150 g rote Zwiebeln
120 g Gewürzgurken
250 g saure Heringsfilets
1 Apfel
1/2 Dill
150 g Crème fraîche
150 g Naturjoghurt
Meerrettich
Senf
Salz, Pfeffer,
Zucker

Zubereitungszeit

25 Minuten
(plus Garzeit)

Pro Portion

ca. 300 kcal/1260 kJ
15 g E · 22 g F · 10 g KH

1 Die Zwiebeln schälen und in feine Ringe schneiden. Gurken abtropfen lassen und in feine Scheiben schneiden. Die abgetropften Heringsfilets in etwa 2 cm breite Stücke schneiden. Apfel waschen, vierteln, entkernen und in 1/2 cm dicke Scheiben schneiden.

2 Den Dill waschen, trockenschütteln und klein hacken. Die Crème fraîche mit dem Joghurt, etwas Meerrettich und Senf nach Geschmack verrühren. Alles mit Salz, Pfeffer und 1 Prise Zucker würzen. Die Sauce mit den Zwiebeln, Gurken, Hering, Apfel und Dill vermischen.

3 Den Heringsstipp vor dem Servieren mindestens 1 Stunde durchziehen lassen. Dazu schmecken Pellkartoffeln oder Schwarzbrot mit Butter.

Im Mittelalter schwamm der Lachs noch so zahlreich im Rhein, dass er als „Arme-Leute-Essen“ galt. Der Hering hingegen erfreute sich vor allem in der bürgerlichen Küche der Zeit größter Beliebtheit.

Rheinhecht in saurer Sahne

1 Speck in feine Streifen schneiden. Das Hechtfilet waschen, abtrocknen und die Filets mit dem Speck spicken. Anschließend mit Salz und etwas Zitronensaft würzen.

2 Die Butter in einer Pfanne erhitzen und die Filets darin von beiden Seiten braun anbraten. Den Wein und die Brühe hinzugießen. Die Hechtfilets zugedeckt bei geringer Hitze etwa 15 Minuten dünsten lassen. Hechtfilets herausnehmen und warm stellen.

3 Das Kartoffelmehl mit der sauren Sahne glatt verrühren, zum Fischsud geben und darunter rühren. Sauce aufkochen und mit Salz und Pfeffer abschmecken. Sauce durchsieben und über die Hechtfilets gießen. Die Kapern klein hacken und über den Fisch streuen. Mit Salzkartoffeln und Gurkensalat servieren.

Zutaten für 4 Personen

100 g fetter Speck
1 kg Hechtfilet
Salz, Pfeffer
1 Zitrone
20 g Butter
500 ml trockener Weißwein
250 ml Gemüsebrühe
1 El Kartoffelmehl
300 g saure Sahne
1 El Kapern

Zubereitungszeit

45 Minuten

Pro Portion

ca. 460 kcal/1932 kJ
53 g E · 22 g F · 7 g KH

Heringsstipp zu Pellkartoffeln

Zutaten für 4 Personen

2 Zwiebeln
60 g Fett
60 g Mehl
650 ml Gemüsebrühe
2 kleine gewässerte Salzheringe
Salz
Essig
2 Essiggurken
150 g Crème fraîche

Zubereitungszeit

20 Minuten
(plus Kochzeit)

Pro Portion

ca. 285 kcal/1197 kJ
10 g E · 21 g F · 13 g KH

1 Die Zwiebeln schälen und klein hacken. Das Fett erhitzen und die Zwiebeln darin glasig dünsten. Das Mehl zufügen und unter Rühren goldgelb schwitzen lassen. Die Brühe nach und nach zugießen und alles zu einer glatten Sauce verrühren. Die Sauce 5 Minuten köcheln lassen.

2 Die Heringe ausnehmen, waschen und abtrocknen. Anschließend entgräten, sehr fein hacken oder durchdrehen. Die Fischmasse unter die Sauce rühren, Sauce aber nicht mehr kochen lassen.

3 Alles mit etwas Salz und Essig abschmecken. Die Essiggurken sehr klein hacken und bis auf 1 El mit der Crème fraîche unter die Sauce heben. Heringsstipp mit den restlichen Gurkenwürfeln bestreuen und zu Pellkartoffeln servieren.

Gebackene Herings-kartoffeln mit Schnittlauchcreme

Zutaten für 4 Personen

1 kg Kartoffeln
4 doppelte Matjesfilets
50 g Butter
6 Eigelb
500 ml süße Sahne
Pfeffer
je 1 Bund Schnittlauch
und Petersilie
200 g Crème fraîche
200 g Schmand
Salz

Zubereitungszeit

25 Minuten
(plus Backzeit)

Pro Portion

ca. 1103 kcal/4631 kJ
26 g E · 92 g F · 44 g KH

1 Den Backofen auf 180 °C vorheizen. Die Kartoffeln schälen, waschen und in sehr dünne Scheiben schneiden. Die Matjesfilets klein würfeln. Eine Auflaufform mit etwas von der Butter einfetten. Die Kartoffelscheiben im Wechsel mit den Matjes einschichten.

2 Die letzte Schicht sollte aus Kartoffelscheiben bestehen. Die Eigelb mit der Sahne verquirlen, leicht pfeffern und über die Kartoffeln gießen. Die restliche Butter in Flöckchen darüber verteilen und alles im vorgeheizten Backofen auf mittlerer Schiene bei 180 °C etwa 1 Stunde backen.

3 Für die Sauce die Kräuter waschen, trockenschütteln und fein hacken. Die Crème fraîche mit dem Schmand verrühren, mit Salz und Pfeffer abschmecken. Kräuter darunter heben, etwas ziehen lassen und zu den heißen Heringskartoffeln servieren.

Rheinische Heringskartoffeln

Zutaten für 4 Personen

1 kg Kartoffeln
8 Salzheringsfilets
80 g Butter
Paniermehl
2 El Mehl
125 ml Milch
125 ml saure Sahne
100 g Käse

Zubereitungszeit

45 Minuten
(plus Backzeit)

Pro Portion

ca. 805 kcal/3381 kJ
46 g E · 50 g F · 42 g KH

1 Die Kartoffeln schälen, waschen und in Salzwasser etwa 20 Minuten gar kochen lassen. Anschließend die Kartoffeln abgießen, trockendämpfen und etwas abkühlen lassen.

2 Die Salzheringsfilets waschen, abtrocknen und in kleine Stücke schneiden. Die abgekühlten Kartoffeln in dünne Scheiben schneiden.

3 Eine Auflaufform mit etwas Butter einfetten und mit dem Paniermehl bestreuen. Den Backofen auf 180 °C vorheizen. Die Heringsstückchen und die Kartoffelscheiben abwechselnd in die Auflaufform einschichten, alles mit einer Schicht aus Kartoffelscheiben abschließen.

4 Die Hälfte der Butter in einem Topf zerlassen, das Mehl darin unter Rühren goldgelb schwitzen lassen. Nach und nach die Milch und die saure Sahne dazugeben und alles zu einer glatten Sauce verrühren. Sauce 3 Minuten durchkochen lassen. Käse reiben.

5 Sauce über den Auflauf verteilen, alles mit dem frisch geriebenen Käse und etwas Paniermehl bestreuen. Den Auflauf im vorgeheizten Backofen bei 180 °C etwa 45 Minuten backen lassen. Dazu schmeckt am besten ein grüner Salat.

Matjesfilets rheinische Art

Zutaten für 4 Personen

1/2 Salatgurke
2 Äpfel
2 Zwiebeln
100 g Naturjoghurt
100 g Mayonnaise
Salz, Pfeffer
Zucker
Meerrettich
8 Matjesfilets

Zubereitungszeit

25 Minuten

Pro Portion

ca. 593 kcal/2488 kJ
28 g E · 46 g F · 18 g KH

1 Die Gurke schälen, halbieren, entkernen und in Streifen schneiden. Die Äpfel waschen, vierteln und entkernen, ebenfalls in Streifen schneiden.

2 Die Zwiebeln schälen, vierteln und in Scheiben schneiden.

3 Joghurt mit Mayonnaise verrühren und mit Salz, Pfeffer, Zucker und Meerrettich abschmecken. Äpfel, Gurken und Zwiebeln unterziehen.

4 Die Matjesfilets abtropfen lassen und auf Tellern anrichten. Die Sauce darüber verteilen. Mit Speckkartoffeln servieren.

Tipp: Matjes sind Heringe, die noch nicht geschlechtsreif sind. Sie werden von Mitte Mai bis Anfang Juni gefangen und zeichnen sich durch zartes, aber auch sehr fettes Fleisch aus. Besonders zart werden die Matjes, wenn man sie vor der Weiterverarbeitung mindestens 30 Minuten in ein Gemisch aus Wasser und Milch legt.

Muscheln

1 Die Muscheln unter Wasser gründlich abschrubben und mehrfach nachspülen, bis der Sand entfernt ist. Nicht ganz geschlossene Muscheln entfernen. Die Zwiebeln schälen und klein schneiden. Die Möhren und den Sellerie schälen, waschen und ebenfalls klein schneiden. Den Porree putzen, waschen und grob zerkleinern. Die Petersilie waschen.

2 Anschließend alles mit den zerdrückten Wacholderbeeren, den Pfefferkörnern, den Lorbeerblättern, Salz und dem Wein in einen Topf geben. Muscheln hinzugeben und mit Wasser bedecken.

3 Alles kochen lassen, bis sich die Muscheln geöffnet haben. Vom Herd nehmen, 5 Minuten ziehen lassen. Die Muscheln portionsweise in tiefe Teller geben, Brühe darüber verteilen und servieren. Dazu schmeckt saftiges Schwarzbrot mit Butter.

Zutaten für 4 Personen

4 kg Miesmuscheln
5 Zwiebeln
3 Möhren
1/2 Sellerieknolle
1 Stange Porree
1 Bund Petersilie
8 Wacholderbeeren
15 schwarze Pfefferkörner
3 Lorbeerblätter
Salz
1 l trockener Weißwein

Zubereitungszeit

25 Minuten
(plus Kochzeit)

Pro Portion

ca. 770 kcal/3234 kJ
103 g E · 15 g F · 50 g KH

Aus dem
Brauhaus

Frikadellen mit Kartoffelsalat

Zutaten für 4 Personen

800 g fest kochende Kartoffeln
60 g durchwachsener Speck
2 Zwiebeln
350 ml Fleischbrühe
2 El Weinessig
4 El Sonnenblumenöl
Salz, Pfeffer
3 El Schnittlauchröllchen
100 ml Milch
2 Brötchen vom Vortag
1/2 Bund Petersilie
500 g gemischtes Hackfleisch
2 Eier
3 El Öl
1 Tl scharfer Senf
Muskatnuss
Majoran

Zubereitungszeit

50 Minuten
(plus Zeit zum Ziehen)

Pro Portion

ca. 810 kcal/3402 kJ
38 g E · 53 g F · 46 g KH

1 Kartoffeln gründlich waschen und in kochendem Wasser 20 Minuten garen, abgießen, abkühlen lassen, schälen und in Scheiben schneiden. Speck fein würfeln, 1 Zwiebel schälen und fein hacken. Speckwürfel in einer Pfanne auslassen und die Zwiebel darin glasig dünsten.

2 Die Brühe erhitzen und in einer Schüssel mit Weinessig, Sonnenblumenöl, Salz und Pfeffer vermischen. Kartoffelscheiben, Zwiebeln und Speck damit vermischen. Salat mindestens 30 Minuten durchziehen lassen. Anschließend Schnittlauch darunter heben.

3 Milch erwärmen und die Brötchen darin 15 Minuten ziehen lassen, ausdrücken. Restliche Zwiebel schälen und fein hacken. Petersilie waschen, trockenschütteln und klein hacken.

4 Hackfleisch in eine Schüssel geben und mit Brötchen, Petersilie und Eiern vermischen. 1 El Pflanzenöl erhitzen und die Zwiebeln darin andünsten lassen, anschließend ebenfalls zu der Fleischmasse geben. Alles mit Senf, Salz, Pfeffer, frisch geriebener Muskatnuss und Majoran zu einem glatten Teig verkneten.

5 Aus dem Teig mit nassen Händen kleine Fleischbällchen formen. Restliches Öl in einer Pfanne erhitzen und die Fleischbällchen darin goldbraun braten. Frikadellen dekorativ anrichten und mit dem Kartoffelsalat servieren.

Kölsche Kaviar

Zutaten für 4 Personen

600 g geräucherte Blutwurst
4 Zwiebeln
scharfer Senf
4 Gewürzgurken
40 g Butter
4 Röggelchen

Zubereitungszeit

15 Minuten

Pro Portion

ca. 730 kcal/3066 kJ
28 g E · 56 g F · 28 g KH

1 Die Blutwurst schälen und in Scheiben schneiden. Anschließend klein würfeln. Die Zwiebeln schälen und in feine Ringe schneiden. Blutwurstwürfel und Zwiebelringe auf Tellern anrichten.

2 Gewürzgurken blättrig schneiden und ebenfalls auf den Tellern anrichten. Mit 1 El scharfem Senf garnieren.

3 Dazu isst man traditionell Röggelchen (kleine Roggenbrötchen) oder auch frisches Graubrot. Dieses Gericht eignet sich hervorragend für Party-Buffets oder ein schnelles Abendessen.

Halver Hahn

1 Die Röggelchen (kleine Roggenbrötchen) aufschneiden, dick mit Butter bestreichen, anschließend je nach Geschmack mit viel Senf bestreichen.

2 Den Käse auf den bestrichenen Brötchenhälften verteilen. Die belegten Brötchenhälften auf Tellern anrichten. Die sauren Gurken in Scheiben schneiden und zusammen mit den Salzstangen dazulegen.

3 Die Petersilie waschen und trockenschütteln. Etwas Petersiliengrün von den Stielen zupfen und den Halven Hahn damit garnieren und servieren.

Zutaten für 4 Personen

4 Röggelchen
Butter
Senf
8 dicke Scheiben mittelalter Gouda
4 kleine sauere Gurken
16 Salzstangen
Petersilie zum Garnieren

Zubereitungszeit

15 Minuten

Pro Portion

ca. 313 kcal/1313 kJ
12 g E · 10 g F · 42 g KH

Rheinische Buchweizenpfannkuchen

Zutaten für 4 Personen

250 g Buchweizenmehl
5 Eier
1 Tl Salz
250 ml starker kalter Kaffee
100 g fetten Speck
4–5 Zwiebeln
Butter oder Öl zum Braten

Zubereitungszeit

35 Minuten
(plus Quellzeit)

Pro Portion

ca. 558 kcal/2342 kJ
15 g E · 32 g F · 53 g KH

1 Das Buchweizenmehl mit den ganzen Eiern, dem Salz und dem Kaffee zu einem glatten Pfannkuchenteig verrühren. Den Teig abgedeckt mindestens 2 Stunden oder über Nacht quellen lassen.

2 Den Speck in feine Streifen schneiden. Die Zwiebeln schälen und in dünne Ringe schneiden. Die Speckstreifen in einer Pfanne ohne Fett knusprig ausbraten. Herausnehmen und etwas abkühlen lassen. Die Zwiebelringe im Speckfett glasig dünsten, ebenfalls herausnehmen und abtropfen lassen.

3 Die Speckstreifen zum Pfannkuchenteig hinzugeben und darunter heben. Nacheinander aus dem Teig in wenig Butter oder Öl goldgelbe Pfannkuchen ausbacken. Die fertigen Pfannkuchen mit den Zwiebelringen bestreuen und servieren. Dazu schmeckt Feldsalat mit Kartoffelmarinade.

Ädappeltaat

1 Den Backofen auf 250 °C vorheizen. Die Kartoffeln schälen und waschen. Die Zwiebeln ebenfalls schälen. Kartoffeln und Zwiebeln fein reiben. Mit Mehl bestäuben, 5 Minuten ruhen lassen. Anschließen abtropfen lassen, die Flüssigkeit auffangen.

2 Die abgesetzte Stärke wieder zur geriebenen Masse hinzufügen. Die Eier mit Salz und Pfeffer verschlagen, mit der Kartoffelmasse vermischen und kräftig abschmecken.

3 Die Hälfte des Öls in einem gusseisernen Topf oder in einer Auflaufform kurz erhitzen. Topf mit dem Speck auslegen, Kartoffelmasse einfüllen.

4 Restliches Öl darüber träufeln. Im vorgeheizten Backofen bei 250 °C etwa 1 Stunde backen. Nach der Hälfte der Backzeit den Backofen auf 200 °C zurückschalten. Zum Servieren die Taat stürzen und in Tortenstücke schneiden, mit Apfelkompott und Rübenkraut servieren.

Zutaten für 4 Personen

1,5 kg Kartoffeln
3–4 Zwiebeln
1 El Mehl
4 Eier
Salz, Pfeffer
125 ml Öl
175 g durchwachsener Speck in dünnen Scheiben

Zubereitungszeit

20 Minuten
(plus Backzeit)

Pro Portion

ca. 520 kcal/2184 kJ
24 g E · 20 g F · 60 g KH

Strammer Max

Zutaten für 4 Personen

4 Scheiben Mischbrot
40 g Margarine
4 Eier
Salz
200 g Scheiben Knochenschinken
50 g Butter
4 Gewürzgurken

Zubereitungszeit

15 Minuten

Pro Portion

ca. 373 kcal/1565 kJ
20 g E · 30 g F · 7 g KH

1 Die Brotscheiben nacheinander im Toaster oder im Backofen goldbraun rösten lassen. Die Margarine in einer Pfanne erhitzen, die Eier aufschlagen und in der heißen Margarine zu Spiegeleiern braten. Das Eiweiß leicht salzen, das Eigelb nicht mit Salz bestreuen.

2 Die getoasteten Brotscheiben mit der Butter gleichmäßig bestreichen. Die Schinkenscheiben großzügig auf die gebutterten Brotscheiben verteilen.

3 Jeweils 1 Spiegelei auf eine mit Schinken belegte Brotscheibe legen und anrichten. Die Gurken schneiden und den Strammen Max damit garnieren.

Tipp: Belegen Sie den Strammen Max zusätzlich mit einer dicken Scheibe Käse z. B. Gouda und überbacken Sie ihn im Backofen, bis der Käse anfängt zu zerlaufen.

Rievkooche

Zutaten für 4 Personen

1 kg Kartoffeln
1 Zwiebel
3 Eier
100 g Mehl
100 g Semmelbrösel
Salz
Schweineschmalz
oder Öl zum Braten

Zubereitungszeit

20 Minuten
(plus Backzeit)

Pro Portion

ca. 435 kcal/1827 kJ
16 g E · 7 g F · 74 g KH

1 Kartoffeln schälen, waschen und auf einer nicht zu feinen Reibe mittelfein reiben. Die geriebenen Kartoffeln in ein Sieb geben und abtropfen lassen, dabei die Flüssigkeit auffangen. Die im Kartoffelwasser abgesetzte Stärke wieder zu den Kartoffeln hinzugeben. Zwiebel schälen, fein reiben, zu den Kartoffeln geben und darunter heben.

2 Eier mit Mehl, Semmelbröseln und Salz ebenfalls zu den Kartoffeln geben und alles miteinander vermischen, abschmecken.

3 In einer schweren Pfanne das Schweineschmalz oder Öl erhitzen. Mit einem Esslöffel kleine Teighäufchen in das Fett setzen und flach drücken. Sie sollten ganz dünn sein. Auf beiden Seiten knusprig braun braten, auf Küchenpapier etwas abtropfen lassen.

4 Rievkooche am besten sofort aus der Pfanne essen. Möglichst nicht warm halten damit sie schön knusprig bleiben. Mit Apfelkompott und Schwarzbrot servieren.

Himmel un Ääd

Zutaten für 4 Personen

1 kg mehlige Kartoffeln
Salz
1 Lorbeerblatt
1 kg säuerliche Äpfel
250 ml Apfelsaft
Saft von 1 Zitrone
2 El Zucker
3 Zwiebeln
1 El Öl
250 ml Milch
50 g Butter
Muskatnuss
2 El Paniermehl
200 g Blutwurst in Scheiben
1/2 Bund Petersilie
Fett für die Form

Zubereitungszeit

40 Minuten
(plus Koch- und Backzeit)

Pro Portion

ca. 695 kcal/2919 kJ
17 g E · 33 g F · 80 g KH

1 Kartoffeln schälen, waschen und in Salzwasser mit dem Lorbeerblatt etwa 25 Minuten garen. Inzwischen die Äpfel schälen, vierteln, entkernen und würfeln. Den Apfelsaft mit dem Zitronensaft, Zucker und Apfelwürfeln 10 Minuten köcheln lassen.

2 Den Backofen auf 200 °C vorheizen. Die Zwiebeln schälen, in Ringe schneiden und in heißem Öl braten. Die Milch mit der Hälfte der Butter erhitzen. Kartoffeln abgießen, Milch hinzufügen und zerstampfen. Mit Salz und Muskat abschmecken.

3 Restliche Butter zerlassen und das Paniermehl darunter rühren. Kartoffelpüree und Apfelkompott in eine gefettete Auflaufform schichten. Blutwurst darauf legen und Zwiebelringe darüber verteilen.

4 Alles im vorgeheizten Backofen bei 200 °C etwa 15 Minuten backen. Die Petersilie waschen, trockenschütteln und fein hacken. Himmel un Ääd damit bestreuen.

5 Alternativ das Apfelkompott mit dem Püree vermischen und mit den Zwiebelringen bestreut servieren. Die Blutwurst in Butter braten und separat reichen.

Speckpfannkuchen

Zutaten für 4 Personen

300 g Mehl
500 ml Milch
4 Eier
Salz
Pfeffer
Muskatnuss
400 g durchwachsener Speck
Öl zum Braten

Zubereitungszeit

15 Minuten
(plus Backzeit)

Pro Portion

ca. 760 kcal/3192 kJ
35 g E · 42 g F · 60 g KH

1 Das Mehl mit der Milch in einer Schüssel glatt verrühren. Die Eier nacheinander darunter schlagen. Den Pfannkuchenteig mit Salz, Pfeffer und etwas frisch geriebener Muskatnuss abschmecken.

2 Den Speck in dünne Scheiben schneiden. Einige Scheiben in einer Pfanne in Öl anbraten. Etwas von dem Teig darüber geben und alles von beiden Seiten zu einem goldgelben Pfannkuchen backen.

3 Herausnehmen und warm halten. Die Speckscheiben und den Pfannkuchenteig nacheinander zu goldgelben Pfannkuchen backen. Dazu schmeckt ein frischer grüner Salat mit Sahnesauce.

Tipp: Bereiten Sie den Speckpfannkuchen einmal mit Apfel zu. Dafür den Speck vor dem Braten klein würfeln. Zusätzlich 1 dicken Apfel schälen, vierteln, entkernen und in feine Spalten schneiden. Etwas von den Speckwürfeln und den Apfelspalten in der Pfanne kurz anbraten, etwas vom Pfannkuchenteig darüber gießen und fertig backen.

P

Desserts & Backwaren

Dicker Reis mit Zimt und Zucker

Zutaten für 4 Personen

250 g Milchreis (Rundkornreis)
1 Prise Salz
1 l Milch
100 g Zucker
Zimtzucker

Zubereitungszeit

5 Minuten (plus Zeit zum Quellen)

Pro Portion

ca. 343 kcal/1439 kJ
11 g E · 11 g F · 50 g KH

1 Den Reis waschen und mit einer Tasse Wasser und einer Prise Salz aufsetzen und aufkochen.

2 Die Milch und den Zucker hinzugeben und den Reis darin bei geringer Hitze etwa 30–50 Minuten ausquellen lassen.

3 Den Reis in eine Schüssel füllen und auskühlen lassen. Mit Zimtzucker bestreuen und zur Kaffeetafel servieren.

Bergische Kaffeetafel

Bei der Bergischen Kaffeetafel wird auf das mit Butter und Honig oder Apfelkraut bestrichene Rosinenbrot der dicke Reis mit Zimt und Zucker gehäuft. Dazu wird Kaffee aus der Dröppelminna getrunken, die inmitten der Kaffeetafel steht. Es ist eine Kaffeekanne auf einem dreibeinigen Untersatz mit einem Hahn, aus dem man bequem den Kaffee in die Tassen gießen kann. Da dieser Hahn nach dem Zudrehen (siehe Foto rechts oben) meistens weiter tropfte, hieß die Kanne Dröppelminna. Zur Bergischen Kaffeetafel werden außerdem Waffeln und als herzhafte Variante Vollkornbrot mit Quark oder Blutwurst serviert. Zum guten Schluss folgen dann die Ballebäuskes. (Rezept S. 112)

Mutzemandeln

Zutaten für 4 Personen

100 g Butter
75 g Zucker
3 Eigelb
3 El saure Sahne
375 g Mehl
1/2 P. Backpulver
1/2 Tl gemahlener Kardamom
50 g geriebene Mandeln
1 Prise Salz
Butterschmalz
Puderzucker
Mehl zum Ausrollen

Zubereitungszeit

30 Minuten
(plus Kühlzeit)

Pro Portion

ca. 725 kcal/3045 kJ
15 g E · 36 g F · 86 g KH

1 Die Butter mit dem Zucker schaumig rühren. Nach und nach die Eigelb und die saure Sahne darunter rühren. Das Mehl mit dem Backpulver und dem Kardamom vermischen. Anschließend mit den Mandeln und dem Salz mit der schaumig gerührten Butter zu einem Mürbeteig kneten.

2 Teig mindestens 30 Minuten kalt stellen. Butterschmalz auf 180 °C erhitzen. Das Fett ist heiß genug, wenn sich an einem Holzlöffel kleine Bläschen bilden. Den Mutzenteig auf etwas Mehl etwa 1 cm dick ausrollen und mit einer Mutzemandelform oder von Hand Mutzen ausstechen.

3 Mutzen im heißen Butterschmalz etwa 3–4 Minuten goldbraun ausbacken. Anschließend auf Küchenpapier abtropfen lassen. Mutzen noch warm in Puderzucker wenden und servieren.

Rheinische Stütchen

1 Die Hälfte des Mehls in eine Schüssel geben, mit 25 g Zucker, der zerbröckelten Hefe und der warmen Milch glatt verrühren. Zugedeckt an einem warmen Ort etwa 20 Minuten gehen lassen.

2 Restliches Mehl mit etwas Salz, den Eiern, 50 g weiche Butter und dem restlichen Zucker mit den Knethaken des Handrührgerätes zu einem glatten Hefeteig kneten. Hefeteig zugedeckt 20 Minuten gehen lassen.

3 Den Backofen auf 225 °C vorheizen. Anschließend den Hefeteig erneut kräftig durchkneten. Den Teig in 2 kleine gefettete runde Förmchen oder in eine gefettete Kastenform geben und nochmals abgedeckt 15 Minuten gehen lassen.

4 Stütchen mit einem scharfen Messer kreuzförmig einschneiden und mit der restlichen zerlassenen Butter einstreichen. Im vorgeheizten Backofen auf der unteren Schiebeleiste bei 200 °C etwa 40–50 Minuten backen. Die Stütchen sind gar, wenn bei der Garprobe kein Teig mehr an der Nadel kleben bleibt und die Stütchen von unten klingen, wenn man mit dem Fingerknöchel dagegen klopft.

5 Stütchen aus dem Backofen nehmen, stürzen und abkühlen lassen. Die Stütchen schmecken besonders gut frisch aufgeschnitten, dick mit Butter und Apfelkraut bestrichen und mit einer Scheibe Schwarzbrot oder Pumpernickel belegt.

Zutaten für 4 Personen

500 g Mehl
60 g Zucker
40 g Hefe
300 ml Milch
Salz
2 Eier
60 g Butter

Zubereitungszeit

25 Minuten
(plus Zeit zum Gehen,
plus Backzeit)

Pro Portion

ca. 728 kcal/3056 kJ
27 g E · 20 g F · 108 g KH

Buttermilchwaffeln mit heißen Kirschen

Zutaten für 4 Personen

125 g Butter
100 g Zucker
3 P. Vanillinzucker
Salz
4 Eier
250 g Mehl
1 P. Backpulver
250 ml Buttermilch
1 Glas Sauerkirschen (Abtropfgewicht etwa 400 g)
1/2 Zitrone
2 El Speisestärke
30 ml Kirschwasser

Zubereitungszeit

50 Minuten (plus Backzeit)

Pro Portion

ca. 703 kcal/2951 kJ
17 g E · 34 g F · 81 g KH

1 Die weiche Butter mit 75 g Zucker, 1 Päckchen Vanillezucker und 1 Prise Salz in einer Schüssel mit den Quirlen des Handrührgerätes dickschaumig rühren. Nach und nach die Eier hinzufügen und unterrühren.

2 Die Buttermilch ebenfalls hinzugeben und darunter rühren. Das Mehl mit dem Backpulver vermischen. Mehlmischung nach und nach zur Schaummasse hinzugeben und damit verrühren, bis ein dickflüssiger Teig entstanden ist.

3 Ein heißes Waffeleisen dünn mit Öl einfetten und von dem Teig nacheinander goldgelbe Waffeln backen. Die Waffeln mit Puderzucker bestäuben.

4 Die Kirschen in einem Sieb abtropfen lassen, den Saft dabei auffangen. Die Zitrone auspressen. Die Speisestärke mit 3 El Kirschsaft glatt verrühren. Den Kirschsaft mit dem Zitronensaft, restlichem Zucker und 1 P. Vanillezucker zum Kochen bringen. Den Kirschsaft damit binden.

5 Die abgetropften Kirschen hinzufügen, darunter heben und einmal durchkochen lassen. Das Kirschwasser hinzufügen und umrühren. Die Sahne mit dem restlichen Vanillezucker steif schlagen. Sahne und Kirschen zu den Waffeln servieren.

Ballebäuskes

Zutaten für 4 Personen

3 Eier
125 g Zucker
1 Prise Salz
500 g Mehl
1 P. Backpulver
1 cl Rosenwasser
1 Tl Zimt
250 ml Milch
175 g Rosinen
1 kg Schweine- oder Butterschmalz

Zubereitungszeit

20 Minuten
(plus Backzeit)

Pro Portion

ca. 898 kcal/3770 kJ
21 g E · 21 g F · 152 g KH

1 Die Eier trennen und die Eigelb mit dem Zucker und dem Salz dickschaumig rühren. Das Mehl mit dem Backpulver vermischen und mit der Eigelbmasse, dem Rosenwasser, dem Zimt und der Milch zu einem dickflüssigen Teig verrühren.

2 Das Eiweiß zu steifem Schnee schlagen, mit den Rosinen zur Teigmasse hinzufügen und unterheben.

3 Das Schmalz auf 180 °C erhitzen. Das Fett ist heiß genug, wenn sich an einem Holzlöffel kleine Bläschen bilden. Inzwischen aus dem Teig kleine 2 cm große Klöße formen, anschließend im heißen Schmalz etwa 4 Minuten rundherum goldbraun backen.

4 Herausnehmen, abtropfen lassen und mit Zimt und Zucker bestreut servieren. Ballebäuskes am besten warm verzehren.

Flutschmoppen

1 Den Backofen auf 180 °C vorheizen. Den Zucker und die Eier in einer Schüssel in etwa 5–10 Minuten dickschaumig rühren, bis sich der Zucker vollständig aufgelöst hat.

2 Das Mehl mit der Stärke und Backpulver vermischen, den Zimt, die Nelken und den Kardamom hinzugeben und mit der Mehlmischung verrühren. Die Mehl-Gewürz-Mischung zur Eier-Zucker-Masse geben und alles gut verkneten.

3 Ein Backblech mit Backpapier auslegen. Aus dem Teig kleine Bällchen formen, auf das Backpapier legen und leicht flach drücken. Die Flutschmoppen im vorgeheizten Backofen bei 180 °C etwa 20 Minuten goldgelb backen.

Zutaten für 4 Personen

500 g Zucker
4 Eier
400 g Mehl
100 g Speisestärke
1 P. Backpulver
1 El Zimt
1 Tl gemahlene Nelken
1 Tl gemahlener Kardamom

Zubereitungszeit

50 Minuten
(plus Backzeit)

Pro Portion

ca. 1030 kcal/4326 kJ
18 g E · 8 g F · 219 g KH

Rheinische Mutzen

Zutaten für 4 Personen

75 g Butter
60 g Zucker
1 Ei
6 cl Rum
275 g Mehl
100 ml Milch
1 Prise Salz
250 g Schweine- oder Butterschmalz
Puderzucker

Zubereitungszeit

20 Minuten (plus Backzeit)

Pro Portion

ca. 528 kcal/2216 kJ
10 g E · 21 g F · 65 g KH

1 Die Butter zerlassen und mit dem Zucker, dem Ei und dem Rum schaumig rühren. Das Mehl mit der Milch und etwas Salz nach und nach zur Schaummasse hinzugeben und alles zu einem glatten Teig verkneten.

2 Das Schmalz auf 180 °C erhitzen. Das Fett ist heiß genug, wenn sich an einem Holzlöffel kleine Bläschen bilden.

3 Den Mutzenteig etwa 1 cm dick ausrollen und in kleine Rauten schneiden.

4 Die Mutzen portionsweise im heißen Fett rundherum etwa 2 Minuten goldbraun ausbacken. Die fertigen Mutzen herausnehmen und auf Küchenpapier abtropfen lassen. Mutzen noch warm mit Puderzucker bestäuben und servieren.

Sauermilchgelee

1 Die Gelatine in kaltem Wasser einweichen. Die Sauermilch mit dem Zucker so lange rühren, bis sich der Zucker gelöst hat. Die gehackten Haselnüsse hinzugeben und darunter rühren. Das Wasser erhitzen und die Gelatine darin auflösen. Kalt stellen.

2 Sobald die Gelatine zu gelieren beginnt, mit etwas von der Sauermilch verrühren und anschließend unter die Sauermilch rühren. Sauermilch in Schalen verteilen und zum Gelieren in den Kühlschrank stellen.

3 Die Äpfel schälen und das Kerngehäuse ausstechen. Äpfel in dem Weißwein und Zucker nach Geschmack gar dünsten, etwas abkühlen lassen. Die Äpfel anschließend in Zimt und Zucker wenden, auf die erstarrte Sauermilch setzen und servieren.

Zutaten für 4 Personen

10–12 Blatt weiße Gelatine
750 ml Sauermilch
150 g Zucker
150 g gehackte Haselnüsse
250 ml Wasser
2 Äpfel
2–5 El Weißwein
Zucker
Zimt

Zubereitungszeit

20 Minuten
(plus Kühlzeit)

Pro Portion

ca. 508 kcal/2132 kJ
13 g E · 24 g F · 59 g KH

Kölner Döppekooche

Zutaten für 4 Personen

2 kg Kartoffeln
1 Zwiebel
2 Eier
75 ml Milch
Salz
100 g Rosinen
100 g fetter Speck
Salz
Öl

Zubereitungszeit

20 Minuten
(plus Backzeit)

Pro Portion

ca. 690 kcal/2898 kJ
16 g E · 27 g F · 92 g KH

1 Die Kartoffeln schälen, waschen und auf einer nicht zu feinen Reibe mittelfein reiben. Die geriebenen Kartoffeln in ein Sieb geben und abtropfen lassen, dabei die Flüssigkeit auffangen.

2 Die im Kartoffelwasser abgesetzte Stärke wieder zu den Kartoffeln hinzugeben. Die Zwiebel schälen und fein reiben, zu den Kartoffeln geben und unterheben.

3 Die Eier mit der Milch und Salz verquirlen, ebenfalls zu den Kartoffeln geben und alles miteinander vermischen, abschmecken. Die Rosinen zur Kartoffelmasse hinzufügen und darunter heben.

4 Den Speck in dünne Scheiben und anschließend in Streifen schneiden. Einen großen gusseisernen Topf dick mit Öl einstreichen und die Kartoffel-Rosinen-Masse im Wechsel mit den Speckstreifen hineinfüllen.

5 Den Topf für 2 Stunden bei geringer Hitze oder im vorgeheizten Backofen bei 125 °C etwa 2 Stunden backen lassen, bis der Kuchen schön braun ist. Zum Servieren den Kuchen in Tortenstücke schneiden. Dazu schmecken Apfel- oder Rübenkraut und Schwarzbrot.

Der Döppekooche wurde im Rheinland traditionell zum Sankt Martinstag im November angerichtet.

Apfelpfannkuchen

Zutaten für 4 Personen

4 Äpfel
1 El Rosinen
60 g Zucker
Zimt
4 Eier
400 ml Milch
300 g Mehl
Salz
Butter
Zimtzucker

Zubereitungszeit

20 Minuten
(plus Backzeit)

Pro Portion

ca. 538 kcal/2258 kJ
19 g E · 12 g F · 88 g KH

1 Die Äpfel schälen und das Kerngehäuse mit einem Apfelausstecher entfernen. Die Äpfel in dünne Scheiben schneiden und mit den Rosinen, dem Zucker und etwas Zimt bestreuen und abgedeckt etwa 20 Minuten ziehen lassen.

2 Die Eier trennen. Die Eigelb mit der Milch verquirlen, das Mehl und wenig Salz dazugeben und alles zu einem glatten Pfannkuchenteig verrühren. Das Eiweiß steif schlagen und locker unter den Teig heben.

3 Etwas Butter in einer Pfanne erhitzen, etwa 1/4 der Apfelmischung vorsichtig in die Pfanne hineingeben, die Apfelscheiben sollen möglichst heil bleiben. Etwa 1/4 des Pfannkuchenteiges darüber verteilen. Alles bei mittlerer Hitze von beiden Seiten etwa 3–4 Minuten zu einem goldbraunen Pfannkuchen braten.

4 Den Pfannkuchen herausnehmen, auf einen Teller gleiten lassen, mit etwas Zimtzucker bestreuen und warm stellen. Die übrige Teigmasse und die gezuckerten Äpfeln nacheinander ebenso verarbeiten. Die Pfannkuchen jeweils nach dem Backen mit Zimtzucker bestreuen und warm servieren.

Rheinische Zimthippen

Zutaten für 4 Personen

140 g Butter
140 g Zucker
1 P. Vanillezucker
3 dicke Eier
375 g Mehl
2 Tl Zimt, 1 Tl Backpulver
Salz
125 g Schmand
125 g Kuvertüre
Apfelmus zum Füllen

Zubereitungszeit

20 Minuten
(plus Backzeit)

Pro Portion

ca. 1030 kcal/4326 kJ
19 g E · 48 g F · 130 g KH

1 Die weiche Butter cremig rühren. Nach und nach den Zucker und den Vanillezucker hinzugeben und alles dickschaumig verrühren. Die Eier trennen, die Eigelb mit der Schaummasse verrühren.

2 Das Mehl mit dem Zimt, dem Backpulver und etwas Salz vermischen. Das Mehlgemisch abwechselnd mit dem Schmand esslöffelweise unter den Teig rühren. Das Eiweiß zu steifem Schnee schlagen und unter den Teig heben.

3 Den Teig portionsweise in einem Hörncheneisen hellgelb ausbacken und noch heiß über einem Löffelstiel zu einer Tüte rollen. Die Kuvertüre grob zerkleinern und im Wasserbad vorsichtig schmelzen lassen. Die Zimthippen damit beliebig verzieren. Anschließend mit etwas Apfelmus füllen und sofort servieren.

Rheinische Zimtwaffeln

Zutaten für 4 Personen

125 g Butter
125 g Zucker
1 P. Vanillezucker
2 Eier
350 g Mehl
1–2 Tl Zimt
1 Prise gemahlene Nelken
abgeriebene Schale von 1 unbehandelten Zitrone
3 El Sahne

Zubereitungszeit

15 Minuten
(plus Backzeit)

Pro Portion

ca. 730 kcal/3066 kJ
13 g E · 33 g F · 96 g KH

1 Die Butter mit dem Zucker und dem Vanillezucker dickschaumig rühren. Nach und nach die Eier darunter rühren. Das Mehl mit dem Zimt, den Nelken und der Zitronenschale vermischen und nach und nach unter den Teig kneten. Wenn der Teig sehr fest ist, etwas von der Sahne zugeben.

2 Der Teig soll so geschmeidig sein, dass sich kleine, etwa walnussgroße Klößchen daraus formen lassen. Die Klößchen in einem heißen Hörncheneisen goldgelb ausbacken, sofort aufrollen und auskühlen lassen. Die Hörnchen mit geschlagener Sahne servieren.

Tipp: Fest in Blechdosen verpackt und kühl aufbewahrt halten sich die Hörnchen einige Wochen frisch und knusprig. Wer kein Hörncheneisen besitzt, rührt den Teig mit etwas mehr Sahne dickflüssig und backt daraus Waffeln. Diese werden allerdings nicht knusprig.

Rheinisches Apfelkraut

Zutaten für 4 Personen

10 kg unreife Äpfel

1 l Wasser

Zubereitungszeit

20 Minuten

(plus Kochzeit)

Pro Portion

ca. 1295 kcal/5439 kJ

9 g E · 10 g F · 285 g KH

1 Die Äpfel putzen und gründlich waschen, anschließend ungeschält in Viertel schneiden. Das Kerngehäuse nicht entfernen. Äpfelviertel mit dem Wasser weich kochen und 24 Stunden in einem Tuch ablaufen lassen, wahlweise die Äpfelviertel dampfentsaften.

2 3 Liter von dem Apfelsaft abmessen und in einem weiten Topf mit dickem Sandwichboden schnell aufkochen. Saft in etwa 1 1/2 Stunden auf 1/6 einkochen lassen. Sobald der Saft beginnt, dick zu werden, alles sehr gründlich verrühren, bis ein dunkler Sirup entsteht. Den Sirup in Gläser füllen und verschließen.

Tipp: Apfelkraut wird als Brotaufstrich gegessen: entweder frisches, süßes Hefeweißbrot mit Butter und Apfelkraut bestreichen oder Rheinisches Schwarzbrot mit Butter, reichlich Sahnequark und dick Apfelkraut bestreichen.

Apfelkompott

1 Die Äpfel waschen, schälen, halbieren und das Kerngehäuse entfernen. Apfelhälften in Spalten schneiden. Die Zitrone auspressen.

2 Die Hälfte des Zitronensaftes mit Wasser vermischen und die Apfelspalten hineinlegen, damit sie nicht braun werden. Weißwein mit restlichem Zitronensaft, Zimtstange und Butter aufkochen.

3 Die Zimtstange entfernen und die Äpfel hineingeben und darin weich dünsten. Sobald sie weich sind, herausheben und in einer Glasschüssel anrichten. Den Kompottsaft bei großer Hitze zum dünnen Sirup einkochen lassen und über die weichen Apfelspalten gießen. Das Apfelkompott kalt stellen und kühl servieren.

Zutaten für 4 Personen

1 kg Kochäpfel
1 Zitrone
250 ml Weißwein
1 Zimtstange
200 g Zucker
40 g Butter

Zubereitungszeit

20 Minuten
(plus Kochzeit)

Pro Portion

ca. 418 kcal/1754 kJ
1 g E · 9 g F · 79 g KH

Weckmänner

Zutaten für 4 Personen

250 ml Milch
40 g Hefe
500 g Mehl
75 g Zucker
2 Eigelbe
1 Prise Salz
100 g Butter

Zubereitungszeit

40 Minuten
(plus Zeit zum Gehen
und Backzeit)

Pro Portion

ca. 768 kcal/3224 kJ
18 g E · 28 g F · 111 g KH

1 Die Milch handwarm erwärmen, die Hefe hineinkrümeln und mit der Milch und 1 Tl Zucker glatt verrühren, beiseite stellen. Inzwischen das Mehl in eine Schüssel geben, den restlichen Zucker, 1 1/2 Eigelb und das Salz hinzufügen. Die Butter zerlassen und ebenfalls zum Mehl in die Schüssel geben.

2 Die Hefemilch unter die Mehlmischung rühren und alles mit den Knethaken des Handrührgerätes zu einem glatten Hefeteig kneten. Den Hefeteig so lange kneten, bis er sich vom Schüsselrand löst, eventuell noch etwas Mehl dazugeben. Teig mit etwas Mehl bestäuben und zugedeckt an einem warmen Ort etwa 20 Minuten gehen lassen.

3 Anschließend den Teig kräftig durchkneten und auf einer mit Mehl bestäubten Arbeitsfläche etwa 1,5 cm dick ausrollen. Aus dem Hefeteig mit Hilfe einer einfachen Schablone 6 Weckmänner ausschneiden und auf 2 gefettete Backbleche legen. Weckmänner abgedeckt etwa 20 Minuten gehen lassen.

4 Den Backofen auf 225 °C vorheizen. Das halbe Eigelb mit etwas Wasser oder Milch verquirlen und die Weckmänner damit bestreichen.

5 Mit Korinthen oder Rosinen den Weckmännern Augen, Nase und Mund geben. Weckmänner anschließend im vorgeheizten Backofen bei 200 °C etwa 20 Minuten backen lassen. Weckmänner werden traditionell zu Sankt Martin gegessen.

Rezeptregister

Bildnachweis
Seite 4, 20-21 Fotolia © Fotolyse, Seite 6-7 Fotolia © H. Diez, Seite 126-127 Fotolia © fotos4people;
Seite 9, 15 unten, 21 dpa; Seite 11 oben und unten, 23 KölnTourismus;
Seite 13, 17 Werner OTTO Reisefotografie; Seite 11 Mitte, 15 oben und Mitte
Rheinland Pfalz Tourismus GmbH; Seite 18 Düsseldorf Marketing & Tourismus GmbH